DIE REIHE
Archivbilder

BERLINER FEUERWEHR

Einen Reim an ihren Liebsten formulierte diese Dame im Jahre 1907. Er lautet: „Ich schäm' mich es Dir zu verraten, dass mein Herz in Brand geraten". Vorsorglich hatte sie sich vor einem Feuermelder positioniert, um beim Flammenschlag ihres Herzens gleich Hilfe holen zu können.

DIE REIHE

Archivbilder

BERLINER FEUERWEHR

Ralf Schmiedecke

SUTTON
VERLAG

Sutton Verlag GmbH
Hochheimer Straße 59
99094 Erfurt
www.suttonverlag.de

ISBN: 978-3-86680-188-2

Druck: Books on Demand GmbH, Norderstedt, Deutschland

Titelbild: siehe Seite 108 oben

Dieses Buch widme ich dem Feuerwehrmann Klaus Dietz.

Klaus Dietz (ganz links im Bild), Jahrgang 1940, begann am 1. Juli 1965 als Feuerwehrmann-Anwärter auf Probe. Die Grundausbildung dauerte ein Vierteljahr. Dann bekam er das erste Dienstgradabzeichen, das auf seine Uniform aufgenäht wurde. Lange und interessante Jahre im Dienste der Berliner Feuerwehr folgten. Vornehmlich war er auf den Feuerwachen „Wedding", „Ranke" und „Pankow" tätig. Am 1. März 2000 ging er in den wohlverdienten Ruhestand.

Inhaltsverzeichnis

Danksagung

An dieser Stelle möchte ich mich ganz herzlich beim Feuerwehrmann mit Leib und Seele Klaus Dietz a. D. bedanken, der das Gros des Materials für diesen Bildband zur Verfügung stellte. Mein großer Dank gilt auch Günter Strumpf, der mir aus seiner langjährigen Tätigkeit bei der Feuerwehr wertvolle Hinweise für die Texte lieferte. Des Weiteren danke ich allen großzügigen Leihgebern, die mir freundlicherweise ihre privaten Bilder und Fotografien überließen.

Privatsammlungen:
Peter-Alexander Bösel, Berlin-Wilmersdorf/Grunewald
Klaus Dietz, Berlin-Charlottenburg
Karl-Heinz Gärtner, Berlin-Marzahn-Hellersdorf/Biesdorf
Michael Haslau, Berlin-Weißensee

Bedanken möchte ich mich auch bei den Händlern der Flohmärkte Am Kupfergraben, am Ostbahnhof, in der Straße des 17. Juni, der Empore Kahl in der Kurmärkischen Straße in Berlin-Schöneberg sowie bei Christine und Herbert Muser in Berlin-Reinickendorf und Stefan Wolski in Berlin-Mitte.

Für die Recherchen und Mitarbeit sowie die kritische Durchsicht der Texte und Bildkommentare danke ich Andrea Lieeis, Peter-Alexander Bösel und Michael Thomas Röblitz sowie für die Anregungen zur Bildauswahl Hella Kiefer und Henry Fiebig.

Im Hochbunker Humboldthain im Wedding kam es am 2. März 1966 zu einer dramatischen Rettungsaktion. Feuerwehrmann Klaus Dietz, links im Bild, barg mit seinen Kollegen den 14-jährigen Winfried Pickner, der mit seinem Freund dort abenteuerlustig gespielt hatte und plötzlich in einen 20 Meter tiefen Fahrstuhlschacht gefallen war. Drei Stunden dauerte der schwierige Einsatz. Klaus Dietz war froh, dass der Junge überlebte und nur leicht verletzt war.

Einleitung

Die Geschichte der Brandbekämpfung begann bereits im Mittelalter. Der Türmer und seine Familienmitglieder wohnten auf den höchsten Punkten der Stadt, also den Kirchtürmen. Sie schlugen nicht nur bei Angriffen auf die Stadt, sondern auch bei Bränden rund um die Uhr mittels der Kirchenglocke Alarm. Auch in Berlin gab es diese Einrichtung auf Nikolai- und Marienkirche.

Von einer Generation zur nächsten wurde jedem Kind eingeschärft, mit dem Feuer behutsam umzugehen und es nicht leichtsinnig außer Acht zu lassen. Trotzdem kam es in Berlin und der Schwesternstadt Cölln immer wieder zu vielen Bränden und Explosionen. Darüber hinaus gab es zahlreiche Überschwemmungen, Stürme, Unfälle und sonstige Katastrophen. Deshalb wurde es erforderlich, ein Feuerlöschwesen zu organisieren, Einsatztechniken zu verbessern und den baulichen Brandschutz (Berliner Bauordnung) immer wieder zu überprüfen und fortzuschreiben. Zudem steht die Bevölkerung laut Paragraf 13 (1) des Feuergesetzes Berlin von 2003 in der Pflicht, bei einem Brand, einem Notfall oder ähnlichem Ereignis, durch das Menschen, die Umwelt oder sonstige bedeutende Rechtsgüter gefährdet sind, unverzüglich die Feuerwehr oder Polizei zu benachrichtigen, sofern die Person die Gefahr nicht sofort selbst beseitigen kann.

Anlässlich einer Veranstaltung der Siemens & Halske AG hielt der Berliner Brandinspektor Dannehl am 24. Oktober 1907 über die Feuermeldeanlage Wilmersdorf eine Rede. Beginnend mit den Worten: „Meine Herren! Wenn wir heute in einer modern eingerichteten Großstadt die Feuerwehr zur Brandstelle eilen sehen, so denken wir nicht mehr an den Schrecken, den in früher Zeit der Feuerruf verbreitete, als die Bürger noch machtlos dem entfesselten Element gegenüberstanden."

Carl Ludwig Hinkeldey war von 1848 bis 1856 Polizeipräsident von Berlin und wurde nach dem Brand der Krolloper mit Totalzerstörung im Februar 1851 zur Schaffung einer abwehrenden Einrichtung im Gefahrenfall verpflichtet. Er schlug den ehemaligen Betriebsdirektor der Berlin-Stettiner-Eisenbahn Ludwig Scabell zum Aufbau einer Berliner Berufsfeuerwehr vor. Der preußische König Friedrich Wilhelm IV. ernannte ihn kurze Zeit später zum königlichen Branddirektor Berlins. Der König stellte Mittel für Ausbildung und Ausrüstung bereit.

Neben Ludwig Scabell gab es einen Brandinspektor, vier Brandmeister, 40 Oberfeuerwehrmänner, 180 Feuerwehrmänner, 771 Spritzenmänner (die hauptamtlich bei der Straßenreinigung tätig waren), 44 Rohrmeister, 220 Druckmeister, eine Prahmspritze und fünf königliche Spritzen. 1852 begann man mit der Einführung einheitlicher Uniformen, die auch das Zusammengehörigkeitsgefühl stärkten, wobei ebenfalls der Sicherheitsaspekt für den Einsatz wichtig war. Die „Berliner Kappe" war mit schwarzem Nackenleder ausgestattet.

Zudem begann man mit dem Bau von Feuerwachen, die über ein Telegrafennetz verbunden wurden. Um jederzeit und an jedem Ort Berlins ausreichend Löschwasser zur Verfügung zu haben, wurde 1856 das Berliner Wasserleitungsnetz mit 1.520 Hydranten fertiggestellt. Als Ludwig Scabell 1875 in den Ruhestand ging, waren die Einsatzkräfte in Inspektionen zusammengefasst. Als sein Nachfolger kam Branddirektor Gustav Witte, der die Fahrzeuge erstmals zu Löschzügen zusammenstellte.

In Berlin gab es ab 1641 die erste Bauordnung. Aber erst in der Bauordnung von 1853 legte eine feuerpolizeiliche Bestimmung fest, dass die Mindestgröße der Höfe von Mietskasernen

1 Lindenstraße/Linden
2 Mauerstraße
3 Linienstraße/Stettin
4 Tieckstraße
5 Keibelstraße/Keibel
6 Fischerbrücke
7 Köpenicker Straße
8 Turmstraße/Moabit
9 Pankstraße/Wedding
10 Stockholmer Str./Stockholm
11 Edinburger Str./Schillerpark
12 Oderberger Str./Oderberg
13 Schönlanker Str./Friedrichshain
14 Memeler Straße/Memel
15 Reichenberger Str./Reichenberg
16 Schöneberger Str./Hafenplatz
17 Wilmsstraße/Urban
18 Alt-Lietzow/Charlottenburg
19 Rankestraße/Ranke
20 Suarezstraße/Suarez
21 Augustaufer
22 Gasteiner Str./Wilmersdorf
23 Seesener Straße/Halensee
24 Spandauer Straße
25 Schlossstraße
26 Goethestraße
27 Feurigstraße/Schöneberg
28 An der Apostelkirche
29 Dorfstr.-Borussiastr./Tempelhof
30 Erkstraße/Richard
31 Kirchhofstraße/Neukölln
32 Hannemannstraße/Britz
33 Treptow
34 Rathausstraße/Lichtenberg
35 Rathausstraße/Mariendorf
36 Lankwitz

Übersichtsplan der Feuerwehren von Groß-Berlin anno 1920. Mit dem Gesetz über die Bildung der Stadtgemeinde Berlin (Groß-Berlin-Gesetz) schloss sich die Stadt Berlin mit sieben Städten, 59 Landgemeinden und 27 Gutsbezirken zu einer Verwaltungseinheit mit 20 Bezirken zusammen. Damit vergrößerte sich die Fläche Berlins auf das Dreizehnfache. Am 1. Oktober 1920 gab es 15 Berufsfeuerwehren und 65 freiwillige Feuerwehren, die im neuen Stadtgebiet von rund 878 Quadratkilometern mit 3,9 Millionen Einwohnern tätig waren. Damit entfielen die bis dahin notwendigen Verhandlungen über Kostenübernahmen innerhalb des Zweckverbands Berlins bei nachbarlicher Hilfe. Eine einheitliche Berliner Feuerwehr gab es aber noch nicht.

Stadtgrenze
Verwaltungsbezirksgrenzen
Ortsteilgrenzen
Berufsfeuerwachen
Freiwillige Feuerwachen
Werkfeuerwachen
Hauptfeuerwache
Buch
Buchholz
Pankow
Karow
Blankenburg
Malchow
Wartenberg
Heiners-dorf
Weissensee
Weißensee
Falkenberg
Hohen-schönhausen
Marzahn
Hellers-dorf
Prenzlauer Berg
Friedrichs-hain
Lichtenberg
Kaulsdorf
Mahls-dorf
Biesdorf
Friedrichsfelde
Karlshorst
Treptow
Neukölln
Oberschöneweide
Nie-der-schöneweide
Friedrichshagen
Rahnsdorf
FALKENSEE
Köpenick
MÜGGELSEE
SPREE
Wilhelms-hagen
Johannis-thal
Adlershof
Britz
TELTOWKANAL
Buckow
Rudow
Alt Glienicke
Müggelheim
LANGER SEE
Grünau
Bohnsdorf
Schmöck-witz
ODER-SPREE-KANAL
Rauchfangswerder

Ludwig Scabell (25.9.1811–9.6.1885)

mindestens so sein muss, dass ein aufgespanntes Feuerwehrsprungtuch von 5,3 Metern mal 5,3 Metern darin Platz findet bzw. wird später definiert, dass sich eine Drehleiter darin bewegen lassen musste. Zudem waren die Treppenräume massiv zu mauern. Einen guten baulichen Brandschutz stellen auch Brandabschnitte bzw. Brandwände dar, z. B. auf Dächern, damit ein Übergreifen der Flammen auf andere Gebäude verhindert wird. Der Hobrecht-Plan von 1862 legte für die Erweiterung Berlins die Straßen- und Fluchtlinienführung fest. Jedoch war es den Eigentümern der anliegenden Grundstücke selbst überlassen, wie intensiv sie ihr Anwesen bebauen wollten. Ab 1871 spricht man von der gründerzeitlichen Bebauung. In der novellierten Bau-Polizei-Ordnung von 1887 wurde eine Traufhöhe der Berliner Gebäude von 22 Metern mit maximal fünf bebaubaren Geschossen festgelegt. Zudem mussten Hofgemeinschaften mit den Nachbargrundstücken gebildet werden, um für bessere Belichtung und Belüftung zu sorgen.

Die Feuerwehrfahrzeuge wurden zunächst von Pferden gezogen. Dazu benötigte jede Feuerwache auch ausreichend Platz für die Haltung und Versorgung der Tiere. Im Jahre 1908 wechselte man auf Elektroantrieb. Die schweren Akkumulatoren brachten aber nicht den gewünschten Erfolg, dass die Feuerwehr schnellstmöglich zum Einsatzort fahren konnte. Daraufhin wurden in den 1930er-Jahren benzinbetriebene Otto-Motor-Fahrzeuge angeschafft. Seinerzeit bestand ein Löschzug aus zwei Löschwagen, einer Drehleiter und einem Rettungswagen, die mit 22 Feuerwehrmännern besetzt waren. Heute werden die Fahrzeuge variabel in einer Löschstaffel eingesetzt.

Mit der zunehmenden Industrialisierung Berlins auf großen Firmenarealen entstanden Werks- und Betriebsfeuerwehren, die von den Betreibern vollständig finanziert wurden. Die Siemens AG begann 1921, es folgten die GASAG 1979, Schering 1981 (heute Bayer-Schering) und die Ford-Autowerke 1983 (heute Visteon AG). Weitere wurden vom Hahn-Meitner-Institut, von der Messe Berlin und von den Flughäfen in Gatow, Schönefeld, Tegel und Tempelhof gegründet. Als neueste technische Errungenschaft wurde das Bundespolizei-Fluglöschfahrzeug im Bundeskanzleramt in Betrieb genommen. Alle vorab aufgeführten Feuerwehren gehören nicht zur Berliner Feuerwehr. Jedoch sind einige dieser Wehren in der Zwischenzeit aufgelöst worden, sodass deren Aufgaben die Berliner Berufsfeuerwehr übernahm.

Nach Bildung Groß-Berlins 1920 wurde am 1. April 1921 die Berliner Feuerwehr eine städtische Einrichtung.

Im Jahre 1924 wurden die Feuerwachen mit Namen versehen, die ihren Standort bezeichneten. Die Löschzüge erhielten Nummern.

Ab 1933 gliederte man die Feuerwehr wieder der Ordnungspolizei an. Sie erhielt den Namen „Feuerlöschpolizei“ und hatte einen erheblich größeren Aufgabenbereich. Nach Bombenangriffen auf die Stadt halfen den Berliner Kollegen auch Feuerwehrleute aus dem gesamten Deutschen Reich. Nach Kriegsende begann auch für die Berliner Feuerwehr der schwere Weg aus der „Stunde Null“. Von den ehemals 38 Berufsfeuerwehrwachen waren sechs unbrauchbar, bei der Freiwilligen Feuerwehr Berlin von 51 Wachen drei total und zwölf teilweise zerstört.

Während der Blockade der Westsektoren Berlins und der Luftbrücke, die im Juni 1948 begann, kam es zur Spaltung der Berliner Feuerwehr. Am 21. November 1948 erfolgte die offizielle Trennung. Während sie im Westteil eine eigenständige Behörde (dem Senator für Verkehr und Betriebe unterstellt, seit 1967 Senatsverwaltung für Inneres) blieb, wurde sie im Ostteil der Volkspolizei angegliedert. Mit dem Bau der Mauer am 13. August 1961 war die Spaltung der Stadt und der einheitlichen Berliner Feuerwehr besiegelt.

In der Bundesrepublik Deutschland ist gesetzlich festgelegt, dass Städte und Gemeinden von mehr als 100.000 Einwohnern eine Feuerwehr mit hauptamtlichen Kräften betreiben müssen. Dies bedeutet für die rund 3,5 Millionen Bewohner Berlins ein Einsatzpersonal von ca. 3.900 Berufsfeuerwehrmännern und -frauen. Somit hat Berlin die größte Berufsfeuerwehr Deutschlands. Im Schichtbetrieb steht sie rund um die Uhr für Einsätze zur Verfügung.

Am ersten Tag der deutschen Einheit, dem 3. Oktober 1990, endete die fast 40-jährige Trennung der Berliner Feuerwehren in Ost und West. 1991 wurde auch das Ost-Berliner Rettungsamt in die Berliner Feuerwehr eingegliedert, sodass sie seitdem für die Notfallrettung der gesamten Stadt zuständig ist. Die Angleichung des Fahrzeug- und Gerätewesens sowie die Modernisierung der Feuerwachen im Ostteil der Stadt folgten.

Ab dem 2. Januar 1992 wurden die neuen vierstelligen Zugnummern vergeben, die man den sechs Abschnitten zuordnete. Heute verfügt die Berliner Feuerwehr über die drei Direktionen Nord, Süd und West. Seit der Bezirksfusion von 2001 gehören dazu jeweils vier Bezirke mit 32 Berufsfeuerwachen, fünf Stützpunktwachen, 58 freiwilligen Feuerwehren und 42 Jugendfeuerwehren. Haupteinsatzgebiete der Feuerwehr sind die Brandbekämpfung, der Notfallrettungsdienst, die Technische Hilfeleistung und der Katastrophenschutz. Auch heute sind Feuerwehrleute bei Großveranstaltungen u. a. in den Opernhäusern präsent.

Enge Kontakte bestehen auch zu den Feuerwehren im Umland von Berlin, um im Notfall auch den im sogenannten Speckgürtel wohnenden, rund eine Million Brandenburgern zu helfen.

Anlässlich des 125. Jubiläums der Berliner Berufsfeuerwehr im Jahr 1975 brachte die Deutsche Bundespost Berlin (West-Berlin) diese Briefmarke mit dem Emblem heraus. Es zeigt das Berliner Wappen mit Krone, das von Äxten und Flammen umrahmt ist. Im Jahr 2001 beging die Berliner Feuerwehr in der wiedervereinten Stadt ihr 150. Jubiläum mit zahlreichen Veranstaltungen.

Der heilige Sankt Florian wird als Offizier des römischen Heeres dargestellt und hat stets einen Löschkübel in der Hand. Er gilt allerorts als Schutzpatron der Feuerwehr. Der christliche Märtyrer starb 304 n. Chr. in Lauriacum, dem heutigen Lorch in Oberösterreich. Gedenktag ist der 4. Mai. Feuerwehrleute werden scherzhaft als Floriansjünger bezeichnet.

Bibliografie

ARCHITEKTEN- UND INGENIEUR-VEREIN ZU BERLIN: *Berlin und seine Bauten,Teil X, Bd. A(1), Feuerwachen;* Ernst & Sohn, Berlin 1976.

Die neuen Bezirke (ab 1. Januar 2001), Edition Gauglitz, Berlin 2000.

HASLAU, MICHAEL: *Berlin-Weißensee in alten Ansichten,* Sutton-Verlag GmbH, Erfurt 2008.

LANDESARCHIV BERLIN: *Straubes Übersichtsplan von Berlin in 44 Blättern aus dem Jahr 1910 im Maßstab 1:4000,* Edition Gauglitz, Berlin 2003.

LOTTMANN, ECKART: *Berliner Feuerwehr, Auf der Drehleiter der Geschichte,* be.bra verlag GmbH, Berlin-Brandenburg 1996.

MENDE, HANS-JÜRGEN UND WERNICKE, KURT: *Berliner Bezirkslexikon Friedrichshain-Kreuzberg,* Haude & Spenersche Verlagsbuchhandlung GmbH/Edition Luisenstadt, Berlin 2003.

PENKE, RALF: *Das organisierte Rettungswesen in Berlin. Drei Jahrhunderte in Berlin,* Berlin 2005.

STRUMPF, GÜNTER: *Die Berliner Feuerwehr. Von den Anfängen bis zur Gegenwart,* EFB-Verlagsgesellschaft mbH, Hanau 1987.

SIEMENS & HALSKE AG: *Feuermeldeanlage Wilmersdorf;* Druckschrift 143, Berlin 1907.

WILKE, JENS-P.: *Festschrift 150 Jahre Berliner Feuerwehr 1851–2001,* FKF-Media e. V., Berlin 2001.

Bildnachweis

Private Sammlungen: Peter-Alexander Bösel: S. 48u., 81o., 83o.; Klaus Dietz: alle restlichen Bilder; Karl-Heinz Gärtner: S. 97o.; Michael Haslau: S. 110u.; Ralf Schmiedecke: S. 7, 11, 14u., 15o., 23o., 26u., 33f., 37o., 38u., 39u., 40o., 41o., 42f., 44u., 45u., 46, 47u., 50o., 51u., 52u., 61u., 67u., 72u., 81u., 85u., 89o., 94o., 103o., 106u., 112u., 125o., 126u.

Am 13. August 1961 musste der Feuerwehrmann Klaus Dietz mit ansehen, wie seine Stadt Berlin durch Mauer und Stacheldraht geteilt wurde. Damit verschwanden auch über Nacht die Kontakte zu den Kollegen im Ostteil der Stadt. Er glaubte nicht, dass er den Mauerfall 1989 noch erleben würde. Am 24. Februar 1990 entstand dieses Foto bei einem Besuch auf der Feuerwache Weißensee.

1

Vor- und Frühgeschichte

In einer Zeit, als es weder Berufsfeuerwehr noch freiwillige Feuerwehr gab, mussten alle Männer des Ortes im Brandfalle helfen. Meistens war der Brand schon soweit vorangeschritten, dass die nicht ausgebildeten Helfer nur noch für Schadensbegrenzung sorgen konnten. Daraus ergab sich der Zwang, das Feuerlöschwesen zu organisieren. In der Berufsfeuerwehr Berlin werden gut ausgebildete und sportliche Männer im Alter zwischen 18 und 45 Jahren eingesetzt.

In der Molkenstraße (früher Bollergasse) befand sich Berlins letzte „Feuergate“. Der unbebaute Raum zwischen den Gebäuden sollte ein Weitergreifen der Flammen verhindern. Man machte sich seinerzeit schon über den baulichen Brandschutz Gedanken. Aber erst zusammen mit dem organisatorischen Brandschutz, den Informationen im Umgang mit Feuer für Bewohner und dem Know-how der Feuerwehr ist dem Brandfalle effektiv entgegenzuwirken.

Das höchste Gebäude der Insel Cölln, die Petrikirche, war häufig ein „Objekt für die Feuerwehr“. So schlug am Abend des Pfingstmontages 1830 ein Blitz in den Turm ein. Der anschließende Brand zerstörte das fast fertiggestellte Gotteshaus und 44 umliegende Wohnhäuser. Eine Brandschneise bildete nur die Spree. Am Tag danach entstand dieses Bild, das der Berliner Verleger Joachim Spiro um 1904 als Ansichtskarte herausgab.

Zu einem Großeinsatz kam es 1882 auf dem Gelände des Berliner Landesausstellungsparks am Lehrter Fernbahnhof (heute Hauptbahnhof) in Moabit (hier fand seinerzeit die Hygieneausstellung statt). Vermutlich wurde mit leichtentzündlichen Desinfektionsmitteln hantiert, die den Brand verursacht haben könnten. Der Schaden war immens. Die Zeichnung von Gustav Broling entstammt einer Berliner Tageszeitung.

Helme, vornehmlich aus Stahl gefertigt, ergänzen nicht nur die Uniform in idealer Weise, sondern dienen in erster Linie dem Schutz des Kopfes und des Nackens der Feuerwehrmänner. Das Foto von 1902 zeigt die Feuerwehrmänner der Wache Linden mit Preußischen Mannschaftshelmen mit dem Adler-Emblem. Der Pickel wurde nur zu feierlichen Anlässen montiert. Die beiden Pferde ziehen einen Dampfspritzenwagen mit Extinkteur.

Die Feuersozietät ist, nach der Hamburger Feuerkasse von 1676, die zweitälteste Versicherung Deutschlands. Der Soldatenkönig Friedrich Wilhelm I. gründete sie 1718 mit dem Ziel der „beständigen Erhaltung der Gebäude“. Als Öffentlicher Versicherer einer starken Gemeinschaft kann sie Versicherungsfälle, die meist großen Schaden verursachen, schnell regulieren. Werbekarte von 1968 mit brennendem Haus an der Nikolaikirche.

Nur ein Jahr später, 1719, entstand die Feuersozietät in Brandenburg. Mit dieser Werbekarte aus den 1930er-Jahren erinnert die Feuersozietät daran, dass aus Unachtsamkeit schnell aus einem kleinen Funken ein großes Schadensfeuer entstehen kann. Prävention ist noch heute ihr vorrangiges Anliegen. Denn wie schnell kann es zu menschlichem Leid und großen finanziellen Wertverlusten bis zur Insolvenz von Betrieben kommen.

2

Kunst und Karikatur

Umweltfreundlich und ohne Pferdestärken zeigte sich die Freiwillige Feuerwehr der Villenkolonie Grunewald. Hier bestaunen Passanten beidseits der Chaussee um 1900 die ausrückende Feuerwehr und wie das Einsatzfahrzeug von einem Drahtesel in Bewegung gebracht wird. Der Rad fahrende Feuerwehrmann war vermutlich nicht zu beneiden, denn unter dem Helm wurde ihm sicherlich sehr heiß.

Auch Feuerwehrleute können „abgebrannt“ sein. Wenn ihr Portemonnaie leer ist, liegt es wahrscheinlich daran, dass sie über ihre Verhältnisse gelebt haben oder an die Ehefrau die letzten paar Kröten abgeben mussten. Sicherlich ist dies heute mitunter noch der Fall. Diese nicht ganz ernst zu nehmende Karikatur auf einer Ansichtskarte erschien anlässlich der Internationalen Ausstellung für Feuerschutz und Feuerrettungswesen 1901 in Berlin.

Auch diese Ansicht entstand 1901. Im Rahmen der Serie IV als 5. Ausstellungspostkarte sieht man hier das Motiv eines kleinen Bürgers, der sein Feuer mittels Übertragung einer Zigarette an den großen, rauchen wollenden Feuerwehrmann abgibt. Dabei wird diese „kriminelle Energie“, wie es so schön im Amtsdeutsch heißt, hier nur als „straflose Riesenbrandstiftung“ geahndet.

Das Thema dieses Motivs könnte vom Sänger, Liedtexter und Komiker Otto Reutter (1870–1931) kreiert sein. Die Frauen jener Zeit kommen in seinen Liedern nämlich nicht gerade gut weg. Der hübschen Dame hilft man über die Leiter und das füllige Weib wirft man ins straff gespannte Sprungtuch. Hier kommt das Kommando „Gut Schlauch“ und man kann nur hoffen, dass es keine Personen- und Materialschäden bei der Feuerwehr gibt.

Wer gut löschen kann, der kann auch nach Feierabend gut seinen Durst löschen. Diese nicht ganz ernst gemeinte Karte zeigt die Löschmannschaft bei der Arbeit. Heutzutage herrscht ein absolutes Alkoholverbot auf sämtlichen Arbeitsstellen Deutschlands. Wussten Sie eigentlich, dass pro Stunde durchschnittlich nur 0,1 Promille Alkohol vom menschlichen Körper abgebaut werden können?

Einen Brand zu haben, hat nicht immer mit Feuer zu tun. Hier wird das Teekesselchen „Brand“ mit Primus Cognac in Verbindung gebracht. Der Feuerwehrmann hat nicht nur eine gute Nase für Brandgase,sondern mag auch mal einen guten Tropfen genießen. Zudem ist Atemschutz für einen Feuerwehrmann sehr wichtig, denn Flammen sind schlimm,aber Rauchgase sind schlimmer. Wussten Sie eigentlich, dass fast 90 Prozent der Brandtoten vorher erstickt sind?

Warum Drachen keine Feuerwehrmänner werden können, bewies die 1975 von den Brüdern Pagot geschaffene Zeichentrickfigur „Draghetto Grisù“. Nachdem der Drache den Brand gelöscht hat, speit er aus Freude darüber erneut Feuer und setzt somit alles wieder in Brand. Auf dieser witzigen Ansichtskarte von der Internationalen Bauausstellung 1901 wird dem Drachen das Maul zugehalten, damit nichts Schlimmes geschieht.

3

Ausstellungen und Denkmäler

Anlässlich des 75. Feuerwehrjubiläums im Jahre 1926 entstand dieses Foto am Gendarmenmarkt vor dem Deutschen Dom. In dem historischen Umzug zeigte die Berliner Feuerwehr sämtliche Fahrzeuge, Ausrüstungsgegenstände und Einsatzpersonal. Sogar eine Feuerwehrkapelle spielte zu den Festlichkeiten auf.

Der XV. Deutsche Feuerwehrtag fand vom 9. bis 12. Juli 1898 in der Stadt Charlottenburg vor der Feuerwache Lietzow (Lützow) statt. Schirmherr war Seine Königliche Hoheit Prinz Friedrich Heinrich von Preußen, der hier gerade die Veranstaltung mit einer Rede eröffnet.

Am Kurfürstendamm 151, zwischen Nestor- und Cicerostraße, fand im Juni 1901 die Internationale Ausstellung für Feuerschutz und Feuerrettungswesen statt. Hier ist das imposante Eingangsportal zu sehen. Auf dem Gelände der Verlegerfamilie Mosse entstanden in den Jahren 1926 bis 1928 verschiedenste Bauten von Erich Mendelsohn, u. a. das Ufa-Kino Universum, heute Schaubühne am Lehniner Platz.

Das erste Feuerwehrmuseum in Berlin befand sich in Charlottenburg auf der Feuerwache „Suarez“. Waren zunächst die Ausstellungsstücke als Anschauungsobjekte für die Ausbildung der Feuerwehrleute gedacht, so wurden sie am 1. Januar 1927 für die Öffentlichkeit zugänglich gemacht. Hier ist eine Gruppe alter Rauchhelme zu sehen, wie sie im 18. Jahrhundert gebräuchlich waren

Am Standort der Feuerwache Tegel in der Berliner Straße 16 befindet sich auch das 1983 eröffnete Feuerwehrmuseum. Archiviert hat man hier historische Akten, Fotos und Exponate. Ausgestellt sind historische Fahrzeuge, Technik, Uniformen u. v. m. der über 150-jährigen Geschichte der Berliner Feuerwehr. Diese wertvolle Sammlung ist immer einen Besuch wert.

Zum Gedenken an die im Einsatz ums Leben gekommenen Feuerwehrleute entstand nach Plänen von Ludwig Hoffmann das Feuerwehrdenkmal auf dem südlichen Teil des Mariannenplatzes in Kreuzberg, das am 17. November 1902 enthüllt wurde. In der Mitte befand sich ein vier Meter hoher Mittelbau mit Marmorsarkophag. Seitlich davon standen Pylone, deren Spitzen in lodernden Flammen endeten. Zwei Löwenköpfe spieen Wasser.

Bildhauer August Vogel schuf die Reliefs über dem Sarkophag, der den verzweifelten Kampf der Feuerwehr im Einsatz dramatisch darstellte. Die im Dienst tödlich verunglückten Feuerwehrleute waren auf Bronzetafeln namentlich erwähnt. Nach Beschädigungen im Zweiten Weltkrieg wurde das Feuerwehrdenkmal 1958 vollständig beseitigt.

Anstelle des ursprünglichen Feuerwehrdenkmals wurde am 20. November 1960 eine 1,8 Meter hohe und fünf Meter breite Reliefwand mit stilisierten Flammen der Künstler Dietrich Wolf und Guido Jendritzko eingeweiht. Jedes Jahr am Totensonntag im November werden hier Kränze für die verstorbenen Feuerwehrleute niedergelegt.

Gegenüber dem Feuerwehrdenkmal auf dem Halbrund an der Waldemarstraße schuf Kurt Mühlenhaupt 1981 einen neuen Feuerwehrbrunnen. Im achteckigen Bassin aus Granit stehen drei bronzene Feuerwehrmänner auf Sockeln. Zwischen zwei löschenden Feuerwehrmännern steht der kommandierende Hauptmann. Alle tragen preußische Uniformen, Helme und haben große Nasen, damit sie den Brand früh riechen können.

Zum „Tag der Arbeit“ am 1. Mai 1930 leistete die Berliner Feuerwehr auch technische Hilfsdienste. Über Drehleitern befestigten Feuerwehrmänner die Dekorationsgirlanden am Brandenburger Tor. Sowohl vor dem Wahrzeichen Berlins, am Tiergarten, als auch hier auf dem Pariser Platz sind sie im Einsatz.

Ein großes Problem bei jedem Feuerwehreinsatz sind die sogenannten Gaffer, die die Arbeiten meist massiv behindern. Aber bei dieser Vorführung der Freiwilligen Feuerwehr Schmargendorf war Zuschauen allerdings ausdrücklich erwünscht. Hier ist ein Feuerwehrmann Anfang der 1960er-Jahre auf der Drehleiter in luftiger Höhe über dem Gehsteig der Breiten Straße zu sehen.

4

Fahrzeuge, Technik und Einsätze

Die Epoche der Dampfspritzen begann mit dem Wirken des zweiten Berliner Branddirektors Gustav Witte. Er sah darin die Zukunft, obwohl es seinerzeit noch keine Hersteller solcher Dampfdruckkessel gab. Fündig wurde er in der Lausitz. Dort wurden 1883 sechs leistungsfähige Dampfspritzen in der Bautzener Maschinenfabrik gebaut. Zum Anlernen mussten die Feuerwehrleute ein dreimonatiges Praktikum bei der Eisenbahn absolvieren.

Fahrzeuge im Innenhof der Feuerwache Wilmersdorf, um 1912. Wegen der Angst vor dem Benzinmotor und einer möglichen Explosion an der Brandstelle setzte sich zunächst der Elektroantrieb durch. Die seit 1908 mit Nabenmotoren der Firma Lohner-Porsche angetriebenen Feuerwehrfahrzeuge hatten eine Reichweite von rund 45 Kilometern. Die Fahrgestelle kamen von der Daimler-Motorengesellschaft aus Berlin-Marienfelde.

Dieses Foto entstand in der Feuerwache „Suarez“ in den 1910er-Jahren. Großer Aufwand musste zur Wartung und Aufladung der schweren Akkumulatoren betrieben werden. Unter anderem musste auf die richtige Polung und Säurekonzentration geachtet werden. Im Hintergrund befinden sich Aushänge mit der genauen Bedienungsvorschrift. Die Ära ging mit der völligen Umstellung auf benzinbetriebene Fahrzeuge in den 1930er-Jahren zu Ende.

Der nach Plänen von Friedrich Krause entstandene Berliner Westhafen wurde im Jahre 1923 eröffnet. Hier lagern auch leicht entzündbare Güter wie Getreide, Treibstoffe usw. in Lagergebäuden, Silos und Tanks. Schon früh war es erforderlich, Löschbote mit einer Besatzung von drei Feuerwehrmännern zur Sicherstellung und Gefahrenabwehr auf den Wasserwegen einzusetzen. Zusatzlehrgänge zum Bootsmaschinisten, ein Radarlehrgang und ein UKW-Funksprechzeugnis müssen noch heute nachgewiesen werden.

Die Einsätze auf den Wasserwegen, den Inseln, Hafenanlagen und im Peripheriebereich der Gewässer von Berlin sind vielschichtig: Menschenrettung, leckgeschlagene Schiffe, Ölbeseitigung, Brandbekämpfung und sonstige Hilfeleistungen. Zudem dienen die Boote als Basisstationen für Tauchereinsätze. Hier ist Feuerlöschboot 3 Anfang der 1930er-Jahre auf der Spree vor der Halbinsel Stralau mit dem dahinter liegenden Rummelsburg zu sehen.

Foto um 1924 vor dem Geschäftshaus An der Jerusalemer Kirche 1. Rechts ist das Gebäude der Feuerwache Linden zu sehen. Der dritte Berliner Branddirektor Stude führte ab 1887 wieder die von Pferden gezogenen Handdruckspritzenwagen ein, da die Dampfspritzen hohe Wasserschäden in den Gebäuden verursachten. Zunehmend wurden Berlins Straßen asphaltiert, sodass die Hufeisen der Pferde mit Kork belegt werden mussten, damit sie nicht ständig wegrutschten und stürzten.

Seit jeher wurde viel Wert darauf gelegt, dass die Feuerwehrleute gut ausgebildet sind, sei es in luftiger Höhe, unter Wasser, vor einer Feuerwand oder wie hier beim Erklären einer Verteilerarmatur für die Druckgasschläuche in der Feuerwache Wedding. Immer wieder müssen sie an Lehrgängen und praktischen Übungen jeglicher Art teilnehmen. Auch Sport treiben für die körperliche Fitness gehört dazu.

Eine Attraktion war dieser Rauchschutzhelm mit Mannschutzbrause, der gleichzeitig mit der Spritze an einem Hydranten installiert werden konnte. Mit der sprühenden Feuchtigkeit konnten gefährlich flüchtige Rauchgase gebunden und damit unschädlich gemacht werden. Der Feuerwehrmann atmete diese nicht mehr ein. Zudem wurde seine Uniform durch das Wasser gekühlt. Aufnahme um 1925.

Häufig entstehen Brände in Kellern durch Unachtsamkeit mit offenem Feuer. Hier jedoch fand das andere Extrem statt. Durch Starkregen wurde der Keller dieses Gebäudes in Niederschönhausen bis zum Grundstücksniveau überflutet. Die freiwillige Feuerwehr entfernte das eingedrungene Wasser mittels einer benzinbetriebenen Pumpe.

Zur Überbrückung großer Höhenunterschiede verwenden die Feuerwehrmänner 4,4 Meter lange Hakenleitern, die nach DIN 14710 aus astfreiem, geradfaserigem Holz mit 14 Sprossen bestehen müssen. Das Gewicht konnte dabei zwischen elf (Stahlhaken) und neun Kilogramm (Leichtmetallhaken) betragen. Um mit den Hakenleitern zu üben, nutzte man den Steigeturm. Das Foto entstand am Steigeturm im Hof der Feuerwache „Urban".

Um 1927 erhielten alle Fahrzeuge der Berliner Feuerwehr Druckluftbremsen, Suchscheinwerfer und neue Signaleinrichtungen. Für die bessere Erkennbarkeit im Straßenverkehr wurden sämtliche Feuerwehrfahrzeuge einheitlich rot lackiert. Vorher gab es rostbraune Farbtöne sowie königsblaue Anstriche. Hier ist um 1930 das Modell einer benzinbetriebenen Kraftspritze mit aufgestapelten Steigeleitern zu sehen.

Damit im Notfall auch in der Nacht die örtliche Feuerwehr gerufen werden konnte, ergänzte man den Feuermelder noch mit einer Lampe. Die ursprüngliche Bogenfadenlampe mit ihrer größeren Leuchtstärke befand sich an einem schön geschmiedeten Mast. Hier inspiziert ein Feuerwehrmann gerade einen Melder in seinem Bereich Wilmersdorf. Interessant war das auch für die mit Matrosenanzug bekleideten Kinder.

Die ersten Feuermelder waren Morseapparate mit einem Laufwerk. Beim Ziehen an einem Griff wurde ein Typenrad in Umdrehung versetzt. Eine schleifende Kontaktfeder gab längere oder kürzere elektrische Signale, die für die betreffenden Melder charakteristisch waren. Aus diesen Zeichen sah der den Apparat überwachende Feuerwehrmann, welcher Melder gezogen worden war Das Bild zeigt einen Morseapparat der Firma Siemens & Halske AG um 1907.

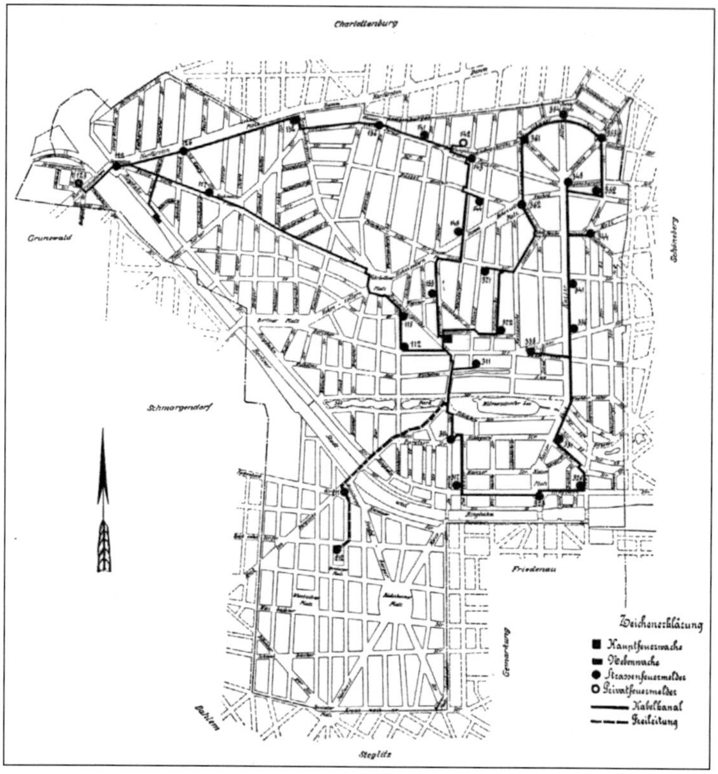

Das neue Leitungsnetz der Feuermeldeanlage Wilmersdorf um 1907. Über vier Ringleitungen waren die 33 Melder miteinander verbunden. Die Entfernung zwischen den Feuermeldern sollte nur zwei Minuten Fußweg betragen. Daher wurden sie bewusst an Straßenkreuzungen aufgestellt. Registriert wurden die Signale in der Hauptfeuerwache Wilmersdorf in der Gasteiner Straße sowie der Nebenfeuerwache in der Ringbahnstraße (heute Seesener Straße) in Halensee.

Die Siemens & Halske AG baute die Feuermeldeanlage in Wilmersdorf. In einer Festschrift heißt es, dass mit Genugtuung betont werden könne, dass die Firma sich dieser Aufgabe im vollen Umfang gewachsen zeige. Die notwendigen Kupferkabel wurden in vorgefertigten Zementkanälen mit zwei Rohren direkt unter den Gehwegen verlegt. Unter Überführungen gab es meist einen Kabelkanal, wie hier an der Kurfürstendammbrücke in Halensee.

In den USA entwickelte sich das Feuermeldewesen anders. Ab 1901 kam ein System zur Anwendung, das kurze und gleichartige Signale gibt, bei denen gruppierte Zeichen in Zahlen umgewandelt werden, die im Registrierungsapparat der Wache einen Wecker schellen lassen. Zudem wird eine Zahl angezeigt, die den Feuermelder typisiert. Aufgrund von Problemen mit dem Morsesystem wurde das amerikanische System ab 1906 auch in Berlin eingeführt. Die Weiterentwicklung war ein telefonunterstütztes System.

Ein kombinierter Feuermelder mit Alarmmelder, der per Knopfdruck ausgelöst wurde, sowie mit Telefon, 1930er-Jahre. Per Telefon konnten im Bedarfsfall vor Ort noch weitere Löschmannschaften angefordert werden. Im Notfall musste die Scheibe mit dem diagonalen roten Strich eingeschlagen und der Knopf tief und lange gedrückt gehalten werden. Dann musste die meldende Person hier stehen bleiben und warten, bis die Feuerwehr anrückte.

Vermutlich durch einen Blitzeinschlag geriet am Dienstag, dem 29. November 1910 auf dem Gelände eines Treibstofflagers in Boxhagen-Rummelsburg ein Benzintank in Brand. Die schwarzen Rauchschwaden waren weithin sichtbar. Die Feuerwehrmänner auf dem Foto stehen in gebührendem Abstand zum Tank. Sie nutzten Wasser aus dem Rummelsburger See, um den Behälter zu kühlen und somit die Ausbreitung der Flammen zu verhindern.

Zu einem verheerenden Großfeuer kam es in den 1910er-Jahren in der Melchiorstraße in Berlin-Mitte. Mehrere Dachstühle standen in Flammen. Aufgrund der Zufahrt zur Zweigstelle des Kaiserlichen Postfuhramtes in der Melchiorstraße 9 gab es eine Brandbarriere. Die Feuerwehrleute, Wagen und Geräte benötigten die ganze Straßenbreite zwischen Adalbertstraße und Engelufer.

Blick vom Bahnhof Lichtenberg (von 1881 bis 1938 Lichtenberg-Friedrichsfelde) auf den Gebäudekomplex an der Frankfurter Allee an der alten Lichtenberger Brücke. Hier kam es zu einem übergreifenden Dachstuhlbrand, von dem mehrere Gebäude betroffen waren. Größtenteils sind diese Mietshäuser heute noch vorhanden. Rechts im Bild das Stellwerk. Die in den 1970er-Jahren neu erbaute Lichtenberger Brücke führt hier jetzt links am Stellwerk vorbei.

Während des Ersten Weltkrieges war auch das Schloss Weißensee zur Kaserne umgewidmet worden. Während des Abzugs am Freitag, dem 21. Februar 1919 verbrannten die Soldaten ihre Strohsäcke am hölzernen Tanzsaal. Die Flammen schlugen auf das nahe gelegene Schloss über. Trotz erbitterten Kampfs der Freiwilligen Feuerwehr Weißensee blieb hier nur noch eine Ruine übrig. An diesem Tag verlor Weißensee sein bedeutendstes Wahrzeichen.

Bereits seit dem Mittelalter bestand eine Kornmühle am Tegeler Fließ. Der Ausbau zur Tegeler Humboldtmühle erfolgte 1887 durch Cohn & Rosenberg. 1906 begann hier das Industriezeitalter mit einer 100-PS-Dampfmaschine. Am 27. Juni 1912 entzündete sich feiner Mehlstaub, der zu einer Explosion mit nachfolgendem Brand (Bild) führte. Eine weitere Katastrophe ereignete sich 1937, als die in Victoriamühle umbenannte Großmühle erneut in Flammen stand.

In den Stallungen des Kutschers Friedrich Drogosch im Hof der Antonienstraße 39 in Reinickendorf-West brach in der Nacht vom 29. zum 30. August 1921 ein Brand aus. Die örtliche Feuerwehr hatte mit dem lodernden Stroh erheblich zu tun. Die Pferde konnten glücklicherweise gerettet werden. Am helllichten Tage sah man das Ausmaß des Schadens. Nur die Grundmauern der zweigeschossigen Remise (links im Bild) standen noch.

Im Lagerkeller für Schokoladenkartonagen und Holzwolle der Firma Sarotti in Tempelhof brach am Freitag, dem 20. Januar 1922 gegen 9.30 Uhr ein Brand aus. Über den Innenhof, der als Kamin fungierte, verbreiteten sich die Flammen über das gesamte Gebäude. Rund 300 Beschäftigte waren vom Rauch eingeschlossen. Die Tempelhofer Feuerwehr musste zusätzliche Wehren aus Neukölln, Britz und Mariendorf und schließlich auch die Berliner Feuerwehr mit Branddirektor Maximilian Reichel hinzuziehen.

Zu einem verheerenden Großfeuer kam es am Freitag, dem 12. Januar 1900 in der Rixdorfer Bergstraße (heute Karl-Marx-Straße in Neukölln). Dabei gingen das Geschäftshaus mit seinen zwei Etagen sowie die darüber liegenden drei Wohnetagen in Flammen auf. Aufgrund des Totalschadens musste das Gebäude neu errichtet werden.

Zum ersten Totalbrand eines Berliner Warenhauses kam es am 30. Januar 1929 in der Weddinger Chausseestraße bei Hermann Tietz (später Hertie). Die Pläne für ein neues Gebäude von Johann Emil Schaudt waren gerade fertiggestellt. Leider war der Winter 1929 extrem kalt, sodass bei unter minus 15 Grad Celsius Hydranten einfroren und das Löschwasser sich in Eiszapfen verwandelte. 15 Stunden brauchte es, bis der Brand gebändigt werden konnte.

Auf dem Grundstück Chausseestraße 57 unweit der Liesenstraße am Wedding standen 1897 die Geschäftsräume der Damen- und Herrengarderobehandlung von Willi und David Perleberg in Flammen. Hier sieht man viele Schaulustige auf dem Gehsteig der Boyenstraße, die durch den beißenden schwarzen Qualm angezogen wurden. Unzählige Feuerwehrfahrzeuge und Einsatzpersonal säumten die Straße.

Bei den Bergmann Elektrizitätswerken in der Oudenarder Straße am Wedding, die seit 1904 hier Glühlampen produzierten, kam es zum Jahreswechsel 1914/15 zu einem verheerenden Dachstuhlbrand. Betroffen war dort das Konstruktionsbüro A. Der Brand war so stark, dass durch die hohen Temperaturen sogar die stählerne Dachkonstruktion nachgegeben hatte. Der Dachstuhl wurde originalgetreu wieder aufgebaut. 1935 übernahm die Osram GmbH die Gebäude.

Nach der Explosion eines Teerkessels in einer Asphalt- und Dachpappenfabrik in Oberschöneweide entstand ein Großfeuer. Um die hochkalorische Bitumenmasse zu löschen, war ein stundenlanger Einsatz aller Feuerwehren der Umgebung erforderlich. Der Druck der Explosion war so groß, dass man den Deckel des Kessels an einem 80 Meter entfernten Wohnhaus fand.

Auf diesem Hinterhofgebäude wird das brennende Holzgebälk eines Dachstuhls mit Wasser gelöscht. Durch den Wind konnte sich der Brand rasch weiter ausdehnen. Einhalt geboten ihm nur die über das Dach gezogenen Brandwände und das schnelle Entfernen von Glutnestern durch die Feuerwehrmänner. Es gehört sehr viel Mut dazu, eine brennende Holzkonstruktion zu betreten und darauf zu hoffen, dass die Statik standhält.

Im Charlottenburger Ortsteil Westend kam es in den 1920er-Jahren zu einem verheerenden Dachstuhlbrand eines Wohnblocks in der Württembergallee. Trotz des schweren Schadens konnten wertvolle Gemälde gerettet werden. Die Feuerwehrleute bargen bei Aufräumungsarbeiten im durchgebrannten vierten Stockwerk diese Kostbarkeiten.

Durch einen gewaltigen Wolkenbruch am Montag, dem 14. April 1902 standen große Teile Berlins unter Wasser. Die Berliner Feuerwehr hatte mit den Aufräumarbeiten im gesamten Stadtgebiet tagelang zu tun. Im Bild sieht man die Unterspülung des Damms der Ringbahn nahe dem Bahnhof Wedding, durch die ein Fachwerkgebäude im Hof der Gerichtstraße 23 weggerissen wurde. Die Häuser im Hintergrund befinden sich in der Pankstraße.

Anlässlich einer Überschwemmung aufgrund einer gebrochenen Spundwand beim Bau der Untergrundbahn entstand dieses Bild am 27. März 1912 in der Wallstraße, unweit des im Hintergrund sichtbaren Märkischen Museums. Die Berliner Feuerwehr war bemüht, das eingedrungene Wasser aus dem 1913 eröffneten U-Bahnhof Inselbrücke (seit 1935 Märkisches Museum) mittels Dampfpumpen zu beseitigen. Seitdem werden bei Gewässerunterführungen Wehrtore errichtet.

Der schwerste Hochbahnunfall in Berlin fand bereits wenige Jahre nach der Eröffnung am 26. September 1908 statt. Ein vom Potsdamer Platz kommender Zug übersah am Gleisdreieck ein Haltesignal und kollidierte mit einem Zug aus der Gegenrichtung. Dabei fiel der erste Wagen zehn Meter in die Tiefe. Es gab 18 Tote und 20 Verletzte, unter denen viele Beschäftigte des KaDeWe waren, die am Sonnabendnachmittag nach Hause fuhren.

Infolge des Versagens der Steuerung durchbrach ein Traktor mit zwei Anhängern die Geländer und stürzte in die Spree. Mit Hilfe eines herbeigeholten Krans barg die Berliner Feuerwehr den Traktor aus dem Wasser. Der erste Anhänger wurde an der Uferböschung fixiert, damit er nicht in die Spree nachrutschen konnte.

Einst warb man auf den Straßen Berlins um Besucher für die Zirkusvorstellungen. Neben Artisten und Clowns waren auch Tiere mit von der Partie. Dieser kleine „Jumbo“ vom Zirkus Renz bekam aufgrund der Hektik einen Schwächeanfall und blieb auf der Straße liegen. Die Berliner Feuerwehr barg den Elefanten und half ihm wieder auf die Beine.

Während des Zweiten Weltkrieges wurden aufgrund mangelnden Treibstoffes auch wieder Pferde eingesetzt. Hier kam es auf der Yorckstraße unweit Katzbachstraße in Kreuzberg zum Sturz eines Pferdes, das auf dem Boden liegen blieb. Die Berliner Feuerwehr errichtete ein Metallstativ und richtete das Pferd damit wieder auf. Auf der Promenade fährt gerade eine Straßenbahn der Linie 55 in Richtung Schöneberg. Das Foto entstand vermutlich 1942.

Im gerade neu bezogenen Mietshaus Jagowstraße 30–31 in Moabit experimentierte der Chemiker Hahn nachts in seiner Wohnung. Mit einem donnerähnlichen Knall stürzte am 5. Mai 1898 der linke Teil des fünfstöckigen Hauses in sich zusammen. Lediglich das Erdgeschoss war noch intakt. Der Verursacher wurde mit zerschmetterten Gliedern tot aufgefunden.

Am Montag, dem 18. Januar 1926 wurde durch ein Gasexplosionsunglück das Mietshaus Kirchstraße 9 in Moabit erheblich beschädigt. Der linke Teil des Hauses mit der Brandwand zum Gewerbegrundstück stürzte ein. Aufgrund der Wohnungsnot wurde das Gebäude nach Prüfung der Statik schnellstmöglich wieder aufgebaut. Im Hintergrund ist die evangelische St.-Johanniskirche zu sehen.

Zu einer schweren Gasexplosion kam es am Donnerstag, dem 5. Januar 1928 im Wohnhaus Landsberger Allee 115/116 nahe dem gleichnamigen S-Bahnhof im Bezirk Prenzlauer Berg. 17 Personen kamen dabei ums Leben und 90 Personen wurden obdachlos. Mehrere Familien verloren ihre gesamte Habe.

Am 17. Februar 1929 kam es auf dem Gelände der Städtischen Gasanstalt III in der Sellerstraße am Wedding zur Explosion eines Steingasometers mit mehr als 35.000 Kubikmetern Fassungsvermögen, verbunden mit einer 100 Meter hohen Feuersäule. Nach dieser bisher größten Explosion in einem der am dichtesten bebauten Wohngebiete Berlins sprach die Feuerwehr von glücklichen Umständen, dass es durch die Druckwelle und den Brand zu keiner Katastrophe gekommen war.

In der Nacht zum 28. Februar 1933 kam es durch Brandstiftung zur Zerstörung des Reichstagsgebäudes, hier zu sehen die Reste des Plenarsaales. An jenem Tag wurden die Grundrechte der Weimarer Verfassung durch die „Verordnung des Reichspräsidenten zum Schutz von Volk und Staat“ außer Kraft gesetzt. Hiermit begann die legalisierte Verfolgung aller politischen Gegner, mit dem Ziel der Errichtung einer nationalsozialistischen Diktatur.

Europas größter Vergnügungspark war der von 1904 bis 1934 betriebene Lunapark am Halensee. Am Montag, dem 13. Juni 1932 kam es im Automatenrestaurant zu einem Brand, verursacht durch einen Kurzschluss in einem Deckenkabel, der den linken, 53 Meter hohen hölzernen Turm an der Terrasse vernichtete. Branddirektor Pozdziech musste schließlich achten Alarm geben. Mit 16 Rohren wurde der Brand stundenlang bekämpft.

Bei einem britischen Bombenabwurf über Kreuzberg im Jahre 1940 wurde auch der Anhalter Bahnhof am Askanischen Platz getroffen und ging in Flammen auf. Der nach Plänen von Franz Schwechten am 15. Juni 1880 eröffnete neue Fernbahnhof wurde dabei schwer in Mitleidenschaft gezogen. Zu jener Zeit wurden Beschädigungen aber schnell wieder beseitigt.

Während der Internationalen Funkausstellung kam es am 22. August 1935 in den Abendstunden in einer Messehalle zu einem Brand durch Kurzschluss. Der Funkenflug griff auch auf den 1926 eröffneten „Langen Lulatsch" über und zerstörte in 50 Metern Höhe das Turmrestaurant (Bild). Auch sämtliche Sendeeinrichtungen wurden Opfer der Flammen. Der Funkturm überstand diese Katastrophe und später auch den Zweiten Weltkrieg unbeschadet.

Das Ende des „Dritten Reiches“ hinterließ erhebliche Wunden im Stadtbild Berlins. Die Feuerwehr versuchte noch vieles zu retten, obwohl sie selbst durch die Luftangriffe stark beeinträchtig war. Wegen der vielen Feuerstürme war die Brandbekämpfung kaum noch möglich. Hier ist die Ruine des Hauses Kurfürstenstraße 151/Ecke Potsdamer Straße im Jahre 1945 zu sehen. Sämtliches Holz ist verbrannt. Die Öfen auf in den Raumecken gemauerten Podesten waren teilweise noch erhalten.

Eine Übung der Feuerwache Wedding fand 1952 in der Teilruine der Beuth-Schule an der Ostender Straße statt. Die nach Plänen von Ludwig Hoffmann von 1908 bis 1910 errichtete einstige Mittelschule wurde im Zweiten Weltkrieg stark zerstört, 1956/57 wieder aufgebaut. 1971 von der Technischen Fachhochschule Berlin übernommen, trägt die Beuth-Hochschule für Technik Berlin seit 2009 offiziell den Namen des „Vaters der Ingenieure“ Christian Beuth.

Während der Berliner Blockade vom 24. Juni 1948 bis 12. Mai 1949 brachten die Alliierten Lebensmittel und sonstige Güter nach West-Berlin. Am 25. Juli 1948 kam es zu einem folgenschweren Absturz eines sogenannten Rosinenbombers. Das Flugzeug ging in der Nacht gegen ein Uhr in Friedenau vor dem Wohnhaus Handjerystraße 2 zu Boden. Das Gebäude und ein davor stehender Kastanienbaum standen in Flammen. Zwei amerikanische Piloten verloren dabei ihr Leben.

Zu dramatischen Szenen kam es ab dem 13. August 1961 an der Bernauer Straße. Nach und nach wurden die Fenster der Grenzhäuser zum Wedding zugemauert. Viele Fluchtversuche gab es hier noch Tage später. Als die West-Berliner Feuerwehr darüber Informationen erhielt, half sie den Flüchtenden mit gespannten Sprungtüchern. Der Blick in die Wolliner Straße zeigt, dass die Fenster schon größtenteils zugemauert sind, Flucht nur noch über die Dächer möglich ist.

Immer wieder kam es zu Unfällen mit Fahrzeugen. Das Bild zeigt einen von der Fahrbahn abgekommenen Bus der Linie 70 auf der Fennbrücke in Richtung Wedding. Er hatte sich derart im Geländer verkeilt, dass ihn ein an Seilen festgezurrter Feuermann mit einem Trennschleifer befreien musste.

An der Ecke Goeben- und Mansteinstraße in Schöneberg wurde nach dem Zweiten Weltkrieg dieser Straßenfeuermelder mit Leuchte, vermutlich aus dem süddeutschen Raum stammend, aufgestellt. Da private Telefonanschlüsse zu jener Zeit wieder als Luxus galten, musste im Brandfalle schnelle Hilfe durch die Feuerwehr geleistet werden. Feuermelder waren bis in die 1990er-Jahre im Berliner Stadtbild zu finden.

5

Feuerwachen im historischen Stadtgebiet Berlin

Mitte, Tiergarten, Wedding, Prenzlauer Berg, Friedrichshain und Kreuzberg

Nach Dienstantritt von Ludwig Scabell im Jahre 1851 erhielt der Branddirektor alsbald ein Büro im Gebäude Breite Straße 15 nahe dem Königlichen Schloss, das als Hauptfeuerwache Berlin bezeichnet wurde. Das Grundstück reichte bis zur Brüderstraße 11. Hier residierten um 1860 der Brandinspektor Gerstenberg sowie die Brandmeister Noël, Kramer, Schumann und Bauerndorff. Diese frühe Aufnahme mit einer Handdruckspritze entstand im Innenhof.

Von 1899 bis 1901 entstand nach Plänen von Ludwig Hoffmann die Feuerwache „Fischerbrücke“ auf der Cöllnischen Insel. Das Hauptgebäude befand sich in der Fischerstraße 37–38. Eine Besonderheit war die Durchfahrt zur Fischerbrücke mit der Hausnummer 1a. Das Bild von 1905 entstand am Steigeturm im Hof der Feuerwache, die bis 1938 in Betrieb war und in der Feuerwache „Weißensee“ aufging. Im Rahmen der Neubebauung der Fischerinsel wurden die Gebäude der einstigen Feuerwache „Fischerbrücke“ in den 1970er-Jahren abgerissen.

In der Köpenicker Straße 125, nahe Adalbertstraße in Mitte, befand sich von 1866 bis 1945 die Feuerwache „Luisenstadt“. Der dreigeschossige, bräunliche Ziegelbau hatte fünf Tore und war ein modern und sachlich gestalteter Bau im Sinne seiner Zeit. Nach 1945 wurden die erheblichen Kriegsschäden beseitigt. Heute wird das Gebäude anderweitig genutzt. Die Aufnahme entstand um 1910.

Die nach dem einstigen Stettiner Fernbahnhof benannte Feuerwache Stettin in der Linienstraße 128/129 ist der älteste Bau der Berliner Berufsfeuerwehr. Der dreigeschossige Quaderbau im Stil des Nachbiedermeiers mit seinen Rundbögen wurde 1859 fertiggestellt und war bis 1955 in Betrieb. Heute dient das sanierte Gebäude nahe der Oranienburger Straße anderen Zwecken. Weiterhin findet hier allmonatlich das sogenannte Spinnertreffen der Feuerwehrveteranen statt.

Die Zugwache 19 in der Mauerstraße 15a/Ecke Kronenstraße 1 war von 1862 bis 1922 in Betrieb. Der dreigeschossige Quaderputzbau mit seinen Rundbogentoren entstand im Stil des Nachbiedermeiers. Er gehörte, wie die Feuerwache „Stettin", zu den ersten Gebäuden, die eigens für die Berliner Berufsfeuerwehr errichtet wurden. Das Einsatzgebiet der Wache umfasste vor allem die engen Straßenschluchten der Friedrichstadt. Das Foto entstand 1912.

Nördlich des 1769 errichteten Exerzierhauses befand sich die Feuerwache „Keibel“ in der Keibelstraße 26–28 (links im Bild). Sie wurde 1865 als Ziegelfachbau errichtet, 1887 durch einen Mauerwerksbau ersetzt und 1892 aufgestockt. 1900/01 folgte der Neubau eines Pferdestalls im Hof. Die Feuerwache war bis 1955 in Betrieb und wurde aufgrund der Neugestaltung des Alexanderplatzes abgebrochen.

Für den Innenstadtbezirk entstand in den Jahren 1953 bis 1955 in der Voltairestraße 2/Ecke Littenstraße die neue Feuerwache Mitte. Der ausgedehnte fünfgeschossige Komplex war angelehnt an die sowjetische Architektur der 1950er-Jahre. Das Gebäude unweit des Alexanderplatzes wurde hier für die 1.-Mai-Kundgebung geschmückt.

Das Dienstgebäude der Feuerwehr Moabit, hier um 1910, entstand 1868/69 nach Plänen des Stadtbaurats Gerstenberg in der Turmstraße 22, unweit Lübecker Straße. Der dreigeschossige Ziegelbau mit seinen sechs Toren war im Inneren der Wagenhalle mit Gewölben auf eisernen Säulen ausgestattet worden. Völlig zerstört wurde die Wache am 22. November 1943. Zugunsten eines Neubaus des Krankenhauses Moabit 1975 gab man das Grundstück auf.

Nach der Zerstörung der Wache in der Turmstraße fand am 1. Juni 1945 ein provisorischer Umzug in die Zentralwerkstatt der Berliner Feuerwehr in der Jagowstraße 31–34 statt. In den Jahren 1969 bis 1971 wurde die Feuerwache Moabit umgebaut und modernisiert. Zur Straßenfront entstanden Neubauten für Garagen und ein Fernmelderaum. Am 12. September 1987 erfolgte hier die Gründung der Freiwilligen Feuerwehr Moabit. Foto von 1991.

Foto anlässlich der 75-Jahr-Feier der Berliner Feuerwehr 1926. Die Feuerwache Wedding an der Reinickendorfer Straße 15/Pankstraße 1 entstand nach Entwürfen des Bauinspektors Hacker in den Jahren 1869/70. Der einstige dreigeschossige Ziegelbau hatte sechs Tore. Im 1890 umgebauten Seitenflügel richtete man eine Werkstatt ein. Weitere Bauten im Hof wie ein Steigeturm und ein Straßenreinigungsdepot folgten nach Plänen des Stadtbauinspektors P. Hesse um 1900.

Auch wenn auf dem Hof der Feuerwache Wedding nicht mit Überschwemmungen zu rechnen ist, prüft die Mannschaft regelmäßig den Zustand des Schlauchboots und die Ausrüstung für den Ernstfall. Zu sehen sind Brandmeister Haase und die Oberfeuerwehrmänner Hartum, Neumann, Krampitz und Lindow. Unweit der Wache befindet sich das unstete Flüsschen Panke, worin der Pankgraf Udo mit der gespaltenen Klaue bereits 1381 ersoff.

Im Zweiten Weltkrieg wurde der rechte Flügel der Wache Wedding (Zugwache 41) an der Reinickendorfer Straße schwer getroffen. Auch der Mittelteil mit dem Erker war beschädigt. Diese Teile wären wieder aufbaufähig gewesen, doch man entschied sich ab 1950 für den Abriss. Der noch erhaltene Teil an der Pankstraße war auch schon für den Abbruch vorgesehen, wurde jedoch 1956/57 instand gesetzt und ist heute noch vorhanden.

Ein Neubau, der den alten Teil der Feuerwehrwache Wedding mit dem Eckhaus an der Ravenéstraße verbindet, entstand Mitte der 1950er-Jahre nach Plänen von Bernhard Höhne. Seinerzeit betrugen die Baukosten rund 832.230 Mark. Seitdem gibt es wieder sechs Tore. Zur Hofseite hin entstanden terrassenförmige Balkone.

Blick in den Keller des Neubaus der Feuerwache Wedding. In der hier zu sehenden Schlauchwaschanlage werden die Schläuche gesäubert und wieder auf Haspeln aufgezogen. Diese können dann wieder in den Feuerwehrfahrzeugen installiert werden. Das Foto entstand um 1960.

Da die Feuerwehrmänner am Heiligabend nur abwechselnd für zwei Stunden zu ihren Familien konnten, war der Jahreswechsel eine gute Gelegenheit, mit den Ehefrauen Silvester zu feiern, wenn sie nicht gerade wieder Alarmbereitschaft hatten. Das Foto entstand im Aufenthaltsraum der Feuerwache Wedding mit Schwof ins Jahr 1963.

Die Zugwache 43 in der Stockholmer Straße 4 entstand in den Jahren 1912/13 nach Plänen des Stadtbaurats Ludwig Hoffmann. Im typischen Baustil des Architekten wurde auf dem rund 2.830 Quadratmeter großen Grundstück ein Hauptbau mit vier Toren und zwei zweigeschossigen Seitenflügeln zum Hof errichtet. An der nördlichen Seite setzte man den über 18 Meter hohen Steigeturm an. Die Wache wurde 2006 aufgegeben. Foto von 1951.

Im Hof der Feuerwache „Stockholm" entstand dieses Foto mit historischen Fahrzeugen um 1955. Links steht ein Wagen mit einer Dampfspritze, die zum Löschangriff erst beheizt werden musste. Rechts ist ein Gefährt mit Handdruckspritze zu sehen. Die von Pferden gezogenen Fahrzeuge wurden schon früh eingesetzt.

Die Feuerwache „Schillerpark" (einst Zugwache 42) in der Edinburgher Straße 7, gegenüber der namensgebenden ausgedehnten Grünanlage, entstand nach Plänen von Stadtbaurat Ludwig Hoffmann 1909/10. Der Putzbau ist mit Werkstein und Muschelkalkstein gestaltet. An der linken Hofseite befindet sich der 13,24 Meter hohe Steigeturm. Foto von 1951.

Die Fahrzeughalle der Feuerwache „Schillerpark" wird über ein teilverglastes Dach natürlich beleuchtet. Zwischen den Dachfenstern befanden sich hübsch angelegte Beete. Hier können die Feuerwehrleute sich für den nächsten Einsatz ausruhen. Ausnahmsweise kommt hier Wasser aus einer Gießkanne für die Gartenpflege zum Einsatz. Das Foto entstand 1919.

Am 5. Juli 2008 feierte die Feuerwache „Oderberg“ im Prenzlauer Berg ihr 125. Jubiläum. Damit ist sie die älteste aktive Feuerwache Berlins. Im dreigeschossigen Ziegelbau in der Oderberger Straße 24/25 konnte 1883 der Betrieb aufgenommen werden. Die Fassade der späteren Zugwache 33 wurde modern und sachlich, ohne Stilfassung, gestaltet. Dieses Foto entstand 1933 anlässlich des 50-jährigen Bestehens der Wache, mit der typischen Beflaggung jener Zeit.

Das Foto aus dem Jahre 1912 entstand auf der Terrasse im Hof der Feuerwache „Oderberg“ mit Blick auf den Steigeturm. Die Pause nutzten die Feuerwehrmänner, um eine Zigarette oder Pfeife zu rauchen. Seinerzeit war es untersagt, in Räumlichkeiten dem Tabakgenuss zu frönen. Erst nach dem Zweiten Weltkrieg, in der Zeit des Wirtschaftswunders, waren Tabakwaren und deren Konsum überall gesellschaftsfähig.

Die Feuerwache „Memel" in der Memeler Straße 39, heute Marchlewskistraße 6, nahm 1884 den Betrieb auf. Mit roten Verblendziegeln und Terrakottareliefs sowie mit vier Toren im Stil der Neorenaissance erbaut, war sie einst dreigeschossig. Der Entwurf stammt vom Berliner Stadtbaurat Hermann Blankenstein. Die Aufnahme von 1926 entstand anlässlich des 75-jährigen Bestehens der Zugwache 31 der Friedrichshainer Feuerwehr.

Nur das Erdgeschoss blieb von der Feuerwache „Memel" nach dem Zweiten Weltkrieg erhalten. Mit einem Notdach versehen wurde das Gebäude noch bis 1956 als Feuerwache genutzt. Später wieder aufgestockt, diente der Bau lange Jahre als Heimatmuseum Friedrichshain. Das Foto entstand in den 1970er-Jahren.

Obwohl sich die Feuerwache „Friedrichshain“ in der Schönlanker Straße 13 im Bezirk Prenzlauer Berg befindet, ist sie für den nördlichen Teil von Friedrichhain zuständig. Erbaut wurde sie von 1906 bis 1908 nach Plänen von Ludwig Hoffmann. Im Hof der Wache fand 1908 diese Übung mit technischem Gerät statt. Mit dem Leiterwagen konnte eine Steighöhe bis zu 25 Meter erreicht werden.

Wie die Zeiten sich ändern. Um 1930 entstand dieses Foto mit dem modernen Löschzug vor der Feuerwache „Friedrichshain“ (Zugwache 34). Die Gegend wurde erst ab 1910 mit Wohnhäusern bebaut. Im Hintergrund ist die Ecke zur Kniprodestraße zu sehen. Die Schönlanker Straße wurde 1974 in Ernst-Fürstenberg-Straße umbenannt.

Blick in die große Wagenhalle im Erdgeschoss der Feuerwache „Friedrichshain" in den 1930er-Jahren. Die Fahrzeuge stehen bereit, sodass sie gleich in die Schönlanker Straße hinausfahren können. Rechts an der Wand sind die persönlichen Schutzausrüstungen der Feuerwehrleute ordentlich untergebracht und jederzeit griffbereit.

Nach dem Zweiten Weltkrieg wurde für den Bezirk Friedrichshain in der Rüdersdorfer Straße 56–58 eine neue Feuerwache in Anlehnung an die Architektur der Stalinallee erbaut. 1956 nahm die Feuerwache den Betrieb auf. Das Foto stammt aus den 1980er-Jahren. Die Wache „Friedrichshain" trägt heute die Nummer 1200.

Anfang der 1860er-Jahre wurde in der Lindenstraße 40/41 (Kreuzberg) ein dreigeschossiges Wohnhaus mit rechtem Seitenflügel errichtet. Nach Plänen des Baumeisters Aßmann 1863/64 umgebaut, fand hier die Hauptfeuerwache „Linden" ihr Domizil. 1892 erhielt sie eine Telegrafenstube. Weitere Anbauten unter Baurat Haack folgten, u. a. der linke Seitenflügel und das Quergebäude mit Turnhalle. 1967 zog die Wache nach Charlottenburg-Nord um.

Um 1900 entstand dieses Foto im Hof der Feuerwache „Linden" vor dem linken Seitenflügel. Rechts vom Aufgang E, mit großer Alarmschelle an der Fassade, befinden sich vier Tore. Hier sieht man die vollständigen Feuerwehrbesatzungen mit ihren pferdebespannten Fahrzeugen. Das Gebäude wurde Mitte der 1990er-Jahre umgebaut und dient heute nicht mehr der Feuerwehr. Die Tore sind als großzügige Fenster heute wieder erkennbar.

Die Feuerwache „Reichenberg" (Zugwache 21) in der Reichenberger Straße 66/67 entstand in den Jahren 1885/86. Das viergeschossige Ziegelgebäude mit seinem dreigeschossigen Mittelbau hatte vier Tore. Nach erheblichen Kriegsschäden und Wiederaufbau wurde sie nach Eröffnung der neuen Wache in der Wiener Straße im Jahr 1976 durch Hausbesetzer besetzt. Sie wollten dort eine Jugendeinrichtung schaffen. Nach polizeilicher Räumung wenige Wochen später wurden die Gebäude innerhalb weniger Stunden abgerissen. Foto um 1945.

Unter dem leitenden Baudirektor Gerhard Rainer Rümmler entstand in den Jahren 1974 bis 1976 in der Wiener Straße 64–68 die neue Feuerwache Kreuzberg. Der viergeschossige Stahlbetonskelettbau, ursprünglich verkleidet mit Eternitschiefern, reicht mit seinen zehn Toren bis an die Lausitzer Straße heran. Das Foto entstand 1988.

Auf Initiative von Baurat Rudolph Haack entstanden 1896/97 in der Wilmsstraße 19 (Kreuzberg) die Gebäude der Feuerwache „Urban". Zum Komplex gehörten ein an der Straße liegendes Wohnhaus, der auf dem hinteren Grundstück stehende zweigeschossige Ziegelbau mit vier Toren sowie ein 22 Meter hoher Steigturm. Das Foto zeigt ein geschmücktes Feuerwehrfahrzeug der Pankower Zugwache 45 vor der Feuerwache „Urban" anno 1940.

Auf der Rückseite des Wohnhauses der Feuerwache „Urban" entstand diese Aufnahme um 1930. Die Feuerwehrleute üben gerade das richtige Halten eines Sprungtuches. Ob es tatsächlich zum Einsatz kam, kann nur vermutet werden. Sämtliche auf dem Bild im Hintergrund zu sehende Wohngebäude sind im Zweiten Weltkrieg zerstört worden. Die Wache selbst war beschädigt und wieder aufgebaut worden, wurde aber 1973 zugunsten eines Neubaus abgebrochen.

Während des Zweiten Weltkrieges wurde dieses Gebäude gegenüber der Feuerwache „Urban“ (Zugwache 5) an der Wilmsstraße 7/Ecke Baerwaldstraße von Bomben schwer getroffen. Die Feuerwehrleute versuchten alles, um Menschenleben zu retten. Zum Ende des Krieges wurden ganze Straßenzüge durch Spreng- und Brandbomben in Berlin zerstört. Die Feuerwehr, selbst stark geschwächt, konnte nur noch hilflos zusehen.

Nach Abbruch der alten Feuerwache „Urban“ entstand in den Jahren 1974 bis 1976 ein Stahlbetonbau aus vorgefertigten Teilen an der gesamten Straßenfront. Der vom Architektenbüro Mette & Hoffmann geplante viergeschossige Neubau erhielt sechs Tore zur Wilmsstraße sowie vier Tore in der Nebenwagenhalle und einen neuen Steigeturm auf dem Hof. Knapp fünf Millionen Deutsche Mark wurden hier verbaut.

6

Feuerwachen der einst selbstständigen Städte Berlins

Charlottenburg, Spandau, Wilmersdorf, Schöneberg, Neukölln, Köpenick und Lichtenberg

An der Warburgzeile befand sich ursprünglich die Freiwillige Feuerwehr Charlottenburg. Am 1. April 1889 wurde die neue Feuerwache „Lietzow“ (Lützow) eingeweiht. Nach Plänen des Stadtbaurats Paul Bratring entstand der schlichte, viergeschossige rote Backsteinbau für die neu gegründete Berufsfeuerwehr an der Ecke Alt-Lietzow und Lüdtgeweg. Hier waren seinerzeit auch 16 Pferde untergebracht. Die Aufnahme entstand um 1900.

Hermann Kiesel war Hauptmann der Reserve und seit 1894 Brandschutzinspektor in Charlottenburg sowie technischer Leiter des Feuerlösch- und Straßenreinigungswesens. Im April 1898 wurde er zum Branddirektor ernannt und wohnte während seiner Amtszeit in der zweiten Etage der Wache „Lietzow" (Lützow). Vor seiner Tätigkeit in Charlottenburg bei Berlin war er Brandmeister in Leipzig sowie Brandinspektor in Elbing und Brandmeister in Königsberg/Ostpreußen gewesen.

In den 1910er-Jahren entstand dieses Gruppenfoto von den Feuerwehrmännern mit ihren Fahrzeugen und technischen Geräten im Hof der Charlottenburger Feuerwache „Lietzow". Aufgenommen wurde das Foto vom Atelier Schubert und Söhne, das in der Potsdamer Straße 3, nahe Potsdamer Platz, ansässig war. Die Zugpferde kamen nicht auf das Bild, da die Belichtungszeit seinerzeit sehr lang war und es Verwackelungen im Foto gegeben hätte.

Die einstige Ostfeuerwache Charlottenburgs, die heutige Feuerwache „Ranke“, wurde 1896/97 nach Plänen der Stadträte Paul Bratring und Theodor Peters in der Rankestraße 10–11 als fünfgeschossiger Ziegelbau im Stil der Backsteingotik errichtet. Auf dem Nachbargrundstück Nr. 12 baute man von 1901 bis 1903 eine eingeschossige Wagenhalle mit drei Toren. Die Aufnahme entstand um 1950.

Anstelle der abgebrochenen Wagenhalle entstand in den Jahren 1970/71 nach Plänen von Günther Hönow und seinem Mitarbeiter Winnetou Kampmann ein Erweiterungsbau mit vier Toren, der die Baulücke in annehmbarer Architektur und Farbgebung schloss und der weitere Unterstellmöglichkeiten für Fahrzeuge direkt an der Rankestraße bietet. Foto um 1980.

Die einstige Südfeuerwache Charlottenburgs, heute Feuerwache „Suarez", wurde 1906/07 nach Plänen des seinerzeit als Stadtinspektor tätigen Rudolf Walter im Stil der beginnenden Moderne als dreiflügelige Anlage zur Suarezstraße 9–10 hin errichtet, stilistisch angelehnt an eine bereits auf dem Nachbargrundstück vorhandene Schule. Die Aufnahme stammt von 1912.

Die alte Feuerwache „Suarez" wurde 1971 zugunsten eines Neubaus abgerissen. Vom Architekturbüro Fleischer und Lichtfuss stammt der von 1971 bis 1975 errichtete Stahlbetonbau mit abgestuftem Baukörper und einer Glasfront, der sich in unangenehmer Weise von den erhaltenen Altbauten der Straße hervorhebt. Foto vom 12. Januar 1988.

Am Nikolaus-Groß-Weg 2 in Charlottenburg-Nord entstand von 1963 bis 1968 auf einem Areal von 47.500 Quadratmetern in mehreren Bauabschnitten die neue Hauptfeuerwache West-Berlins. Die unweit des Jakob-Kaiser-Platzes mit Autobahnanschluss liegende Wache kostete rund 20 Millionen Deutsche Mark. Die Luftaufnahme entstand in den 1970er-Jahren. Im Hintergrund ist die 930 Meter lange Rudolf-Wissell-Brücke über das Spreetal zu sehen.

Jährlich im Juni veranstaltet die Berliner Feuerwehr auf der Feuerwache Charlottenburg-Nord von 10 bis 18 Uhr einen Tag der offenen Tür. Zu sehen sind die neuesten technischen Geräte und man erhält Informationen über die Feuerwehr. Zur Prävention wird gezeigt, wie aus einem kleinen Feuer ein Unglück werden kann. Kinder interessieren sich besonders für den Feuerwehr-Kasperl, der einen Brandstifter mit einem Wasser speienden Löschschlauch jagt.

Feuermelder und später das Telefon machten es möglich, die Feuerwehr schnellstmöglich zu rufen. Mit der einstigen zentralen Telefonnummer 02, die am 3. Juni 1954 von der Post in die Rufnummer 112 (das Rettungsamt – SMH Schnelle Medizinische Hilfe – in Ost-Berlin war bis 1993 unter der 115 erreichbar) umgeschaltet wurde, gelangt man heute in die Einsatzzentrale der Berliner Feuerwehr für ganz Berlin, die sich im Hochhaus der Hauptfeuerwache Charlottenburg-Nord im Nikolaus-Groß-Weg 2 befindet. Foto von 1991.

Auf dem Gelände der Moritzkaserne an der Achenbachstraße 16–17 befand sich in den 1910er-Jahren die in drei Baracken notdürftig untergebrachte Feuerwache Spandau. Das Foto von 1917 zeigt eine hölzerne Hausfassade und Feuerwehrmänner, die zur Rettung ein Sprungtuch aufhalten.

Direkt am Havelufer an der Triftstraße 8–9 befindet sich die Feuerwache Spandau-Nord, vormals Zugwache 17. Sie wurde 1926 von Walter Ludorf im expressionistischen Stil mit Kleinbilddekoren verziert. Die Aufnahme zeigt eine Übung unter Einsatz von Hakenleitern am 24 Meter hohen Steigeturm.

Um 1930 entstand dieses Foto vom Haupteingang der Feuerwache Spandau-Nord, der durch sein gotisch anmutendes Portal und die schön gestaltete, geklinkerte Fassade mit zwei Feuerwehrputten besticht. Rechts befindet sich eine elektrische Klingel, mit der man um Einlass in die Wachstube bitten kann.

Um im Notfall auch auf dem Wasser rechtzeitig agieren zu können, gab es das Boot Reichel der Feuerschutzpolizei. Anlegestelle war die Feuerwache Spandau-Nord an der Triftstraße. Das Einsatzgebiet war hauptsächlich der Havelabschnitt nördlich der Spandauer Schleuse mit den Industrieanlagen in Hakenfelde, Eiswerder und Haselhorst.

Die am Havelufer liegende Feuerwache Spandau-Süd (einst Zugwache 18) in der Götelstraße 112–116 errichtete man in den Jahren 1962/63 nach Plänen von Bodo Fleischer. Neben dem im seinerzeit typischen Stahlbetonskelettbaustil erbauten und mit Verblendsteinziegeln verkleideten Gebäude entstand ein fünfgeschossiger Steigeturm. An der Wache ist auch das Feuerlöschboot für den unteren Havelabschnitt Spandaus stationiert.

Anlässlich des 50-jährigen Bestehens der Freiwilligen Feuerwache Staaken entstand dieses Foto 1978. Errichtet wurde die Feuerwache Am Heideberg 15 in der Gartenstadt Staaken im Jahre 1928 von Carl Derleder.

Nach dem 1945 festgelegten, aber erst 1951/52 erfolgten Gebietsaustausch von Teilen Gatows gegen West-Staaken, das man der DDR zuschlug, wurde für die Freiwillige Feuerwehr Staaken in der Hackbuschstraße 65 am Rande der Gartenstadt Staaken in den Jahren 1974/75 ein Neubau nach Plänen von Winnetou Kampmann errichtet. Der Stahlbetonskelettbau mit seinen drei Toren kostete seinerzeit 2,03 Millionen Deutsche Mark.

Die an die dörfliche Umgebung stilmäßig angepasste Wache der im Januar 1909 gegründeten Freiwilligen Feuerwehr Gatow wurde 1914/15 als eingeschossiger roter Ziegelbau mit Walmdach und drei Toren errichtet. Umbau und Erweiterung der Wache in Alt-Gatow 30 erfolgten durch Bauamtsrat Walter Mertens unter Bauleitung von Wolfgang Neumann in den Jahren 1970/71. Dabei entstanden an der nördlichen Schmalseite zwei Tore.

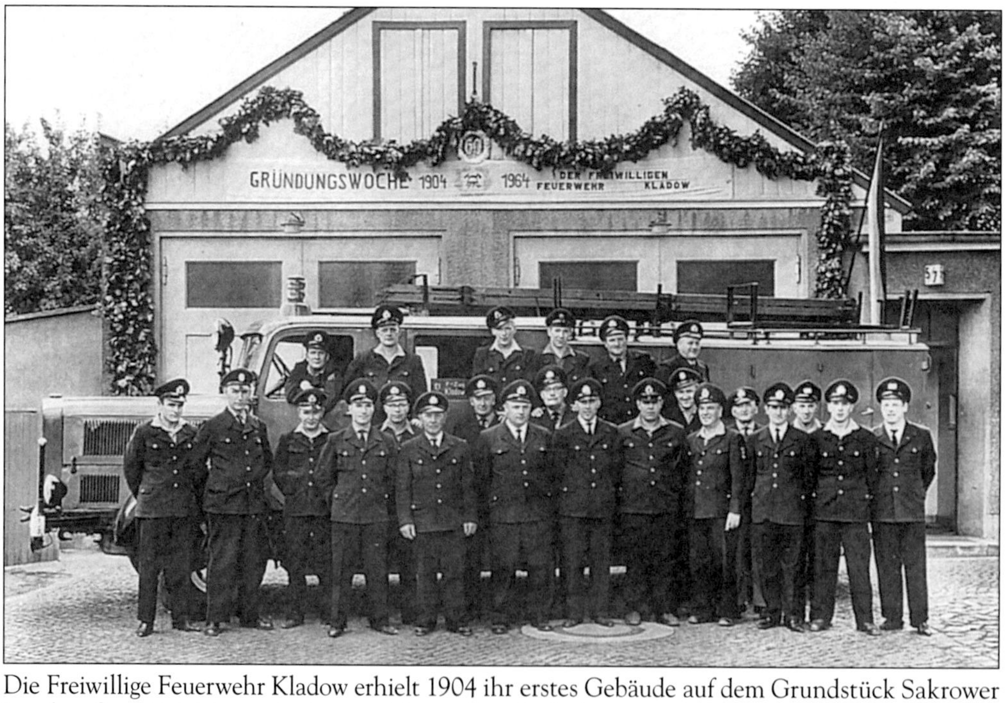

Die Freiwillige Feuerwehr Kladow erhielt 1904 ihr erstes Gebäude auf dem Grundstück Sakrower Landstraße 5–7. Mehrere Anbauten folgten. Die Aufnahme zeigt die Feuerwehrmänner anlässlich des 60-jährigen Bestehens der Wache am 11. Juli 1964.

Links neben dem alten Rathaus der Stadt Wilmersdorf an der Brandenburgischen Straße sieht man noch das Gebäude der ursprünglichen Wache der von 1890 bis 1907 freiwilligen Feuerwehr an der Ecke Gasteiner Straße 17/18 zur Sigmaringer Straße, die 1906 Berufsfeuerwehr wurde. 1909 wurde die Wache in den Neubau auf dem Nachbargrundstück verlegt, die alte Feuerwache 1958 abgebrochen. Heute befindet sich dort eine Stadtbücherei.

Die neue Feuerwache Wilmersdorf in der Gasteiner Straße 19/20 errichtete man nach Entwürfen des damaligen Wilmersdorfer Stadtbauinspektors Dr.-Ing. Philipp Nitze in den Jahren 1908/09. Der dreigeschossige Putzbau mit sechs Toren wurde im Erdgeschossbereich mit Rustika-Werkstein gestaltet. Weitere bauliche Veränderungen folgten 1919/20 durch Stadtbaurat Walter Bettenstaedt. Die Aufnahme entstand um 1920.

Der im Hof befindliche Steigeturm der neuen Feuerwache in der Gasteiner Straße, hier auf einem Foto aus den 1930er-Jahren, hatte einst eine Höhe von rund 27,6 Metern. Im Jahre 1962 erfolgten bauliche Veränderungen im Inneren und der Umbau des Steigeturms. Da sich die Wache in einem Wohngebiet befindet, sollte ein Neubau nahe dem Brabandter Platz errichtet werden. Vermutlich kam es aus finanziellen Gründen nicht dazu.

Im Jahr 1891 gründete Albert Wuhlert die Freiwillige Feuerwehr Schmargendorf. Zunächst befand sich das Depot (Foto um 1902) auf dem Grundstück der Gemeindeschule in der Friedrichhaller Straße 13. Hinter dem Schmargendorfer Rathaus an der Auguste-Viktoria-Straße 57 entstand 1930 nach Plänen von Stadtbaurat Walter Bettenstaedt ein Neubau im Stil der neuen Sachlichkeit. Der eingeschossige, bräunlich-rote Ziegelbau mit überstehendem Flachdach hatte vier Tore. 1956/57 zur Berufsfeuerwehr umgewandelt, wurde sie bereits 1964 aufgegeben.

Am 2. September 1892 gründete der Gutsvorsteher-Stellvertreter Hermann Ratig die Freiwillige Feuerwehr der Villenkolonie Grunewald, der er in fast 20-jähriger Tätigkeit als Führer und Oberbrandmeister diente. Im 1895 nach Plänen von Franz Ahrens errichteten Amtshaus in der Wernerstraße 3 erhielt sie 1899 ihr festes Domizil. 1924 übernahm die Berufsfeuerwehr Grunewald (Zugwache 16) das Gebäude. Foto um 1900.

Stolz gruppierte sich das Personal der Freiwilligen Feuerwehr Grunewald mit neuen automobilen Fahrzeugen vor der hinten im Bild zu sehenden evangelischen Grunewaldkirche an der Bismarckallee. Links im Bild das Auto des Einsatzleiters und rechts daneben eine Motorgasspritze. Das Foto entstand 1908.

1879 wurde die Freiwillige Feuerwehr Schöneberg gegründet, die bereits acht Jahre später ein Spritzenhaus erhielt. Am 1. April 1895 fand die Gründung der Berufsfeuerwehr Schöneberg statt, die die Auflösung der Freiwilligen Feuerwehr zum 1. Januar 1896 zur Folge hatte. 1898 erhielt Schöneberg die Stadtrechte. Um 1900 sind hier Pferde, Hund und Feuerwehrleute vor der Feuerwache in der Feurigstraße zu sehen.

In der Feurigstraße 58 ließ der Schöneberger Gemeindebaurat Paul Egeling im Jahre 1896 die neue Feuerwache mit fünf Toren in der Tradition der deutschen Backsteingotik errichten. Die Ansicht von 1900 zeigt den Blick von der Ebersstraße 8, wo sich einst der im oberen Bereich mit Fachwerk ausgeführte Steigeturm befand. Die Hofgebäude wurden in den 1970er-Jahren zugunsten einer neuen Wagenhalle abgebrochen.

Ebenfalls nach Plänen von Paul Egeling entstand 1906 in der Martin-Luther-Straße 46/Speyerer Straße die Feuerwehr-Nordwache für Schöneberg. Das heute noch vorhandene Gebäude im Stil der Backsteingotik mit seinen vier Toren wurde bereits 1914 wieder aufgegeben. Bauliche Veränderungen im Innern erfolgten 1907 und 1922.

In dem nach Plänen von Hans Altmann von 1914 bis 1916 errichteten Rathaus Friedenau am Breslauer Platz befand sich zunächst die freiwillige Feuerwehr. 1924 fand die Umwandlung zur Friedenauer Berufsfeuerwehr statt, die hier bis zu den schweren Kriegszerstörungen 1945 ansässig war. Den in den 1950er-Jahren wieder aufgebauten Flügel nutzt seitdem das Bezirksamt. Aufnahme zur Lauterstraße 19/20 mit den vier Toren (links), um 1920.

In der Emser Straße 132/Ecke Kirchhofstraße 20–23 entstand nach Plänen des Stadtbaurats Reinhold Kiehl die Feuerwache Neukölln (einst Zugwache 22). Der in den Jahren 1912/13 errichtete Putzbau mit seinen vier Toren wurde im Stil der beginnenden Moderne errichtet. Zudem entstand links ein Gebäude, in dem Dienstwohnungen untergebracht waren. Die Aufnahme stammt aus den 1930er-Jahren.

Im Hof der Feuerwache Neukölln, in dem sich auch der Steigeturm befindet, fand eine Übung zur Prüfung der Druckschläuche statt. Das aus dem Hydranten entnommene Wasser schoss in einer großen Fontäne in die Höhe. Je nach Querschnitt der Zuflussrohre und nach Ausführung des Hydranten können bis zu 800 Liter Löschwasser pro Minute entnommen werden.

Die nach dem Tempelritter und Gründer Rixdorfs benannte Feuerwache „Richard“ wurde 1885/86 in der Erkstraße 24 errichtet. Das zweigeschossige Gebäude hatte vier Tore. Nach Plänen des Stadtbaurats Weigand entstand 1900/01 an der Donaustraße ein dreigeschossiger Anbau mit drei Toren. 1907 wurde der 17,86 Meter hohe Steigeturm fertiggestellt. Die Wache war bis 1945 in Betrieb. Gebäudeteile wurden in die Rathauserweiterung einbezogen. Bild von 1921.

Die Wache der Freiwilligen Feuerwehr Britz (zeitweise Zugwache 27) in der Hannemannstraße 74 befand sich rechts neben dem Rathaus Britz am heutigen Britzer Damm. Die Pläne für den 1891/92 errichteten eingeschossigen Ziegelbau mit seinen vier Toren und einem 11,3 Meter hohen Steigeturm stammten vermutlich von Erich Tiedt. Bauliche Veränderungen von Hans Tiedt folgten u. a. durch Aufstockung eines Geschosses. Die Aufnahme entstand 1926.

Im Jahre 1904 wurde die Freiwillige Feuerwehr Rudow gegründet, die ursprünglich in der Köpenicker Straße 190 ihr Depot hatte. In Alt-Rudow 67 nutzte man ab 2. August 1978 den Neubau der Wache Rudow, der vom Stil her der Feuerwache Staaken gleicht. Auch dieser Neubau hat drei Tore. Heute werden von hier auch Einsätze in das südlich von Rudow gelegene brandenburgische Areal bis zum Flughafen Schönefeld gefahren. Aufnahme von 1988.

Für die Freiwillige Feuerwehr Köpenick wurde im Jahre 1896 am Katzengraben 1 ein einfaches Spritzenhaus errichtet. 1923 entstand ein Ziegelbau mit zweitoriger Wagenhalle und darüber gelegenen Wohnungen. Eine Erweiterung auf vier Tore erfolgte 1929. In diesem Jahr wurde Köpenick auch Berufsfeuerwehr. Der heutige dreigeschossige Bau der Wache 5400 mit seinen sieben Toren und dem Steigeturm stammt von 1952. Foto von 1991.

Blick um 1910 entlang der Siemensstraße auf die katholische St.-Antonius-Kirche. Gegenüber der links einmündenden Deulstraße befindet sich die 1897 gegründete Freiwillige Feuerwehr Oberschöneweide. Nach Plänen von Heinrich Lehmann in Anlehnung an die Backsteingotik erbaut, ging das Spritzenhaus mit drei Toren 1899 in Betrieb. Die Figur des Feuerwehrmanns mit der schützenden Hand auf dem Giebel ist nicht mehr vorhanden.

Die Inbetriebnahme der Wache der Freiwilligen Feuerwehr Friedrichshagen am Müggelseedamm 178 erfolgte 1896. Das ursprünglich nur mit einem Tor ausgestattete eingeschossige Gebäude wurde zu späterer Zeit mehrmals umgebaut. Derzeit sind auf der Wache (5410) 23 Kameraden aktiv. Es gibt ein Lösch- und Hilfeleistungsfahrzeug, ein Tanklöschfahrzeug sowie einen Feuerwehranhänger mit Rettungstransportboot. Foto um 1925.

Der Verein der Freiwilligen Feuerwehr Rahnsdorf wurde am 21. März 1907 gegründet. Zu gleicher Zeit entstand auch ein Spritzenhaus in der Mühlenstraße 8. Links neben dem Altbau entstand 1978 eine neue Fahrzeughalle mit zwei Toren. Im Altbau richtete man einen Schulungsraum ein. In der Wache 5420 sind heute sieben Feuerwehrleute im Einsatz. Foto von 1992.

Die Freiwillige Feuerwehr Wilhelmshagen wurde am 29. April 1895 gegründet und erhielt kurz darauf ein Spritzenhaus. An der Frankenbergstraße 23 wurde am 7. November 1921 der Grundstein für eine neue Feuerwache gelegt, die 1922 in Betrieb ging. Das eingeschossige Gebäude mit seinen zwei Toren passt sich in die ländlich geprägte Umgebung ein. 1976 baute man eine Wagenhalle an. Ansicht von 1992.

Am Krampenburger Weg 1–3/Ecke Gosener Damm entstand für die am 22. Juni 1922 gegründete Freiwillige Feuerwehr Müggelheim ein lebhaft gegliedertes Wachgebäude im Landhausstil. Besonders auffällig ist die in Naturfarben belassene Holzverkleidung des Steigeturms. Ein Anbau an die Wache erfolgte im Jahr 1940. Foto von 1992.

Als Teil eines Ensembles entstand 1901 neben Rathaus und Straßenbahnschuppen auch die Wache der am 21. Oktober 1892 gegründeten Freiwilligen Feuerwehr Schmöckwitz am Adlergestell 786 im gotischen Stil. Der rote eingeschossige Ziegelbau hatte ursprünglich drei Tore. Heute wird die Wache unter der Nummer 5450 geführt. Die Aufnahme entstand 1991.

Die am 22. November 1911 gegründete Freiwillige Feuerwehr Rauchfangswerder ist die südlichste Wache Berlins. In dieser wald- und wasserreichen Gegend wurde 1959 ein neues Wachgebäude am Schmöckwitzer Damm 60 errichtet. Heute gibt es hier ein Lösch- und Hilfeleistungsfahrzeug, einen Feuerwehranhänger mit Rettungsboot und ein Löschfahrzeug. Foto von 1992.

Ursprünglich befand sich das Feuerwehrdepot Lichtenberg im hinteren Teil des Rathauses. Regierungsbaumeister Hans Schütte entwarf eine neue Wache, die 1897/98 mit vier Toren und hofseitigem Steigeturm in der Rathausstraße 12 erbaut wurde. Bemerkenswert sind der Erdgeschossbereich in Rustika-Werkstein sowie der geschwungene Giebel mit Jugendstil-Anklängen. Die einstige Zugwache 35, hier um 1925, ist heute nicht mehr in Betrieb.

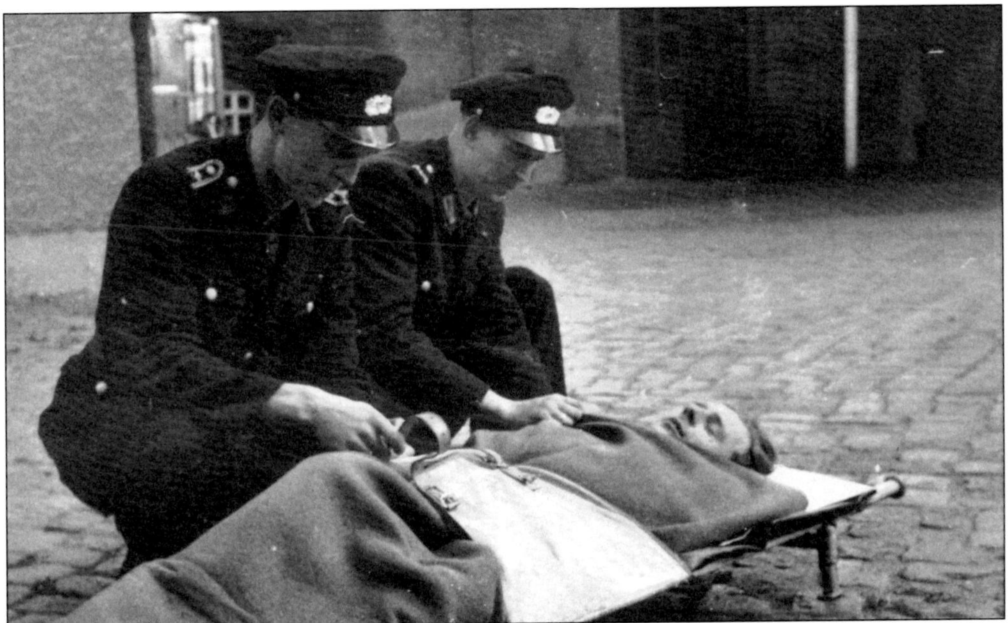

Der Notfallrettungsdienst gehört auch heute noch zu den wichtigsten Aufgaben der Feuerwehr. Hier üben zwei Feuermänner an einer verletzten Person. Behutsam wurde sie auf die Krankentrage gelegt und gegen Verrutschen mit Gurten gesichert. Die Aufnahme entstand im Hof der Feuerwache Lichtenberg. Anhand der Uniformen und der Kokarde an den Dienstmützen lässt sich vermuten, dass das Foto in den 1960er-Jahren entstand.

Für die Freiwillige Feuerwehr Rummelsburg errichtete man 1907 in der Marktstraße 13 einen dreigeschossigen roten Ziegelbau im gotischen Stil. Von 1923 bis 1975 diente das Gebäude als Wache der Berliner Berufsfeuerwehr. Die fünf Tore sind gänzlich zur einstigen Viktoriastadt (Richtung Lichtenberg) ausgerichtet. Für Einsätze ins Berliner Stadtgebiet mussten die Fahrzeuge über 90 Grad gewendet werden.

In der Friedrichstraße (seit 1938 Massower Straße) wurde im Jahr 1898 ein eingeschossiger roter Ziegelbau mit ursprünglich vier Toren für die Freiwillige Feuerwehr Friedrichsfelde fertiggestellt. Das Foto von 1916 zeigt die stolzen Feuerwehrmänner mit einem Leiterwagen, der noch mit Pferden bespannt wurde.

Für die Freiwillige Feuerwehr Karlshorst entstand 1905 ein großzügiger, dreigeschossiger roter Ziegelbau mit drei Toren und Querflügel im Stil der Backsteingotik in der Dönhoffstraße 31 (vormals Bahnhofstraße). Der hofseitig befindliche Steigeturm wurde in das Gebäude integriert. Die Aufnahme entstand kurz nach der Inbetriebnahme. Dieser Standort erhielt später die Bezeichnung Zugwache 30.

Im Jahre 1902 wurde auf dem Siemens'schen Gutshof die in einer Remise untergebrachte Freiwillige Feuerwehr Biesdorf gegründet. 1947 zog sie in ein neues Gebäude mit vier Toren und Wachstuben an die Straße Alt-Biesdorf 85 um. Diese Aufnahme entstand 1927 anlässlich des 25. Jubiläums im Schlosspark mit dem Musikchor der Wache.

Erster Oberführer und Mitbegründer der am 18. Oktober 1907 gegründeten Freiwilligen Feuerwehr Kaulsdorf war der hauptamtlich tätige Bahnhofsspediteur Wilhelm Graß. Mit Geldern aus dem Gemeindeetat entstand 1909 ein eingeschossiger gelb-roter Ziegelbau mit drei Toren und Steigeturm an der heutigen Waplizer Straße. Heute ist die Wache in einem 1965 eingeweihten Gebäude mit zwei Toren im Mädewalder Weg 23 untergebracht, Foto von 1992.

Unweit des Bahnhofs wurde in der Wagnerstraße (heute Donizettistraße 2–4) die Feuerwache für die 1902 gegründete Freiwillige Feuerwehr Mahlsdorf errichtet. Die Anlage besteht aus einem eingeschossigen Feuerwehrdepot mit einem Tor und Steigeturm. Nach dem Zweiten Weltkrieg wurde die Fassade mit Rauputz versehen. Das Bild entstand um 1920.

Die in jeder Hinsicht mobile Freiwillige Feuerwehr Mahlsdorf im Jahre 1929. Die stolzen Feuerwehrleute zeigen sich auf ihren Fahrrädern im Hof der Mahlsdorfer Schule. Auch zwei Feuerwehrmänner mit ihren Motorrädern mit dem Berliner Kennzeichen IA waren dabei.

Die am 7. November 1901 gegründete Freiwillige Feuerwehr Marzahn nahm im Jahre 1912 in der Dorfstraße 18a (heute Alt-Marzahn 64) den Betrieb auf. Angegliedert war auch ein Gemeindehaus. In der als zweigeschossiger Putzbau mit Ziegelsockel, Erker und Satteldach errichteten Feuerwache konnten zwei Fahrzeuge untergebracht werden. Das Foto entstand um 1915.

Die neue Feuerwache Marzahn (6100) in der Märkischen Allee 181 wurde nach vierjähriger Bauzeit am 1. Juli 1985 in Dienst gestellt. Sie war durch das neu entstehende Plattenbauwohngebiet und die Bildung des neuen Bezirks erforderlich geworden. 1989 wurde hier der Höhenrettungsdienst untergebracht. Die Wache kooperiert im Notfalldienst eng mit dem Unfallkrankenhaus Marzahn.

Vor dem Eingang der Feuerwache Marzahn an der Ecke zur Poelchaustraße steht eine acht Meter hohe Stele aus Edelstahl. In stilisierter Form stellt sie von unten nach oben greifende Arme dar, die helfend und schützend sind. Darin befindet sich eine rotierende Kugel, die das Leben symbolisiert. Drumherum stehen noch drei Fahnenmasten.

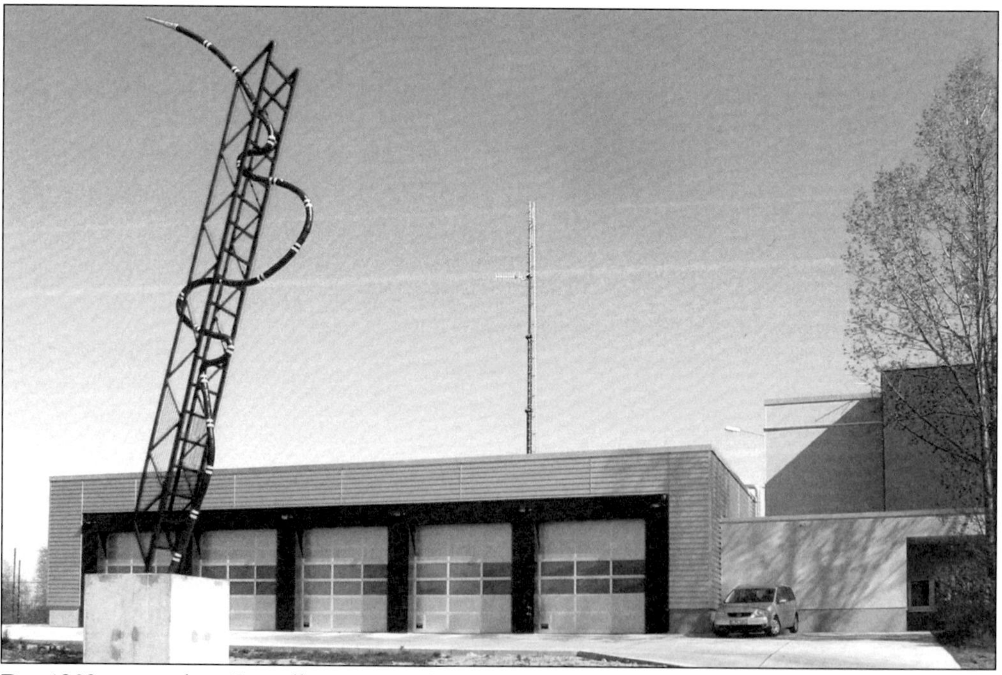

Die 1902 gegründete Freiwillige Feuerwehr Hellersdorf war zunächst auf dem Gutsgelände an der Hellersdorfer Straße untergebracht. Die neue Feuerwache Hellersdorf (heutige Bezeichnung: 6200) am Kummerower Ring 80 (Foto) wurde am 15. Dezember 2006 feierlich eingeweiht. Wie in Marzahn befinden sich hier Wohnungen in Plattenbauten mit bis zu elf Etagen.

7

Feuerwachen der einstigen Landgemeinden und Dörfer in Groß-Berlin

Zehlendorf, Steglitz, Tempelhof, Treptow, Weißensee, Pankow und Reinickendorf

In den Jahren 1907/08 errichtete Gemeindebaurat Krug für die 1884 gegründete Freiwillige Feuerwehr Zehlendorf in der heutigen Onkel-Tom-Straße 14 einen dreigeschossigen Putzbau mit Werkstein-Rustika-Verkleidung im Erdgeschoss. Das reich gegliederte Dienstgebäude im Stil der deutschen Renaissance hat vier Tore und verfügt auf der Hofseite über einen Steigeturm. Die Zugwache 19 gehörte seit 1919 zur Berufsfeuerwehr. Die Wache wurde 1992 aufgegeben.

Von 1987 bis 1991 entstand in der Charlottenburger Straße 10–12 ein architektonisch sehr gut gelungener Neubau für die Berufsfeuerwache Zehlendorf nach Plänen von Gerd Rümmler und seiner Mitarbeiterin Frau Oefelein. Besonders erwähnenswert sind ein grüner Drache als Wetterhahn von Herweg & Görlich sowie sieben Reliefs der Bildhauerin Ludmila Seefried-Matejkova, die typische Arbeits- und Einsatzsituationen der Feuerwehrleute zeigen. Foto von 1994.

Vom Architektenteam Stahn & Metzing stammt der 1901/02 für die Freiwillige Feuerwehr Wannsee in der Chausseestraße 27 errichtete, eingeschossige Ziegelbau mit seinen einst acht Toren. 1904 kam ein Wachzimmer von A. Liebenow hinzu. Ab 1948 befand sich hier die Berufsfeuerwehr. Zeitweise trug der Standort den Namen Zugwache 20. Der elf Meter hohe Steigeturm wurde 1958 abgebrochen, die Wache selbst 1975 aufgelöst.

In der Alemannenstraße 10 erhielt die Freiwillige Feuerwehr Nikolassee vom Architekten Prof. Bruno Möhring in den Jahren 1912/13 ihr neues Domizil. Der dreigeschossige Putzbau bekam an der Schmalseite einen mit Brettern verkleideten Steigeturm. Die Wagenhalle im Erdgeschoss verfügte über sechs Tore. Die ansässige Zugwache 13a wurde 1956 Berufsfeuerwache, bis sie 1975 aufgelöst wurde. Seitdem nutzt sie den Neubau am Kronprinzessinnenweg. Foto von 1970.

Die neue Feuerwache Wannsee/Nikolassee am Kronprinzessinnenweg 20/Ecke Scabellstraße entstand von 1972 bis 1975 nach Plänen von Baudirektor Gerhard Rainer Rümmler als Stahlbetonskelettbau. Im typischen Design der 1970er-Jahre ist das Äußere mit schwarzem Eternit-Schiefer in Doppeldeckung gestaltet, die Fenster sind in roter Farbe abgesetzt. Es gibt sechs Tore. Foto von 1992.

Für die Freiwillige Feuerwehr Steglitz wurde 1881 ein Spritzenhaus in der Schlossstraße 45, nahe Wrangelstraße, errichtet. Nach Umbau durch den Architekten Grosse im Jahre 1909 hatte die Wache drei Tore. 1919 wurde sie Berufsfeuerwache. Auf der Ansicht um 1910 sieht man rechts die 1951 abgerissene Wache und links das noch heute vorhandene Gebäude des Schlosspark-Theaters.

Wegen der explodierenden Einwohnerzahlen in Steglitz war es erforderlich, eine neue Feuerwache zu errichten. In der Plantagenstraße 12–14/Ecke Südendstraße 18a entstand 1924/25 nach Plänen von Fritz Freymüller die Zugwache 14 im expressionistischen Stil. Reich verziert ist der Neubau mit Feuerwehrsymbolen an den Fassaden. Die Tore wurden in den 1970er-Jahren modernisiert. Das Foto entstand um 1930.

Nach Plänen von Claus Pahl entstand 1901/02 die Feuerwache Groß-Lichterfelde (einst Zugwache 15) in der Goethestraße 7. Der Ziegelbau mit seinen Fachwerkausbauten und dem seitlichen, 15,6 Meter hohen Steigeturm fügte sich gut in die Villensiedlung ein. Diese Ansicht der südwestlichen Fassade stammt aus der „Baugewerks-Zeitung" vom 3. Dezember 1902. Lichterfelde hatte seinerzeit schon 27.000 Einwohner. 1959 ging hier der Neubau in Betrieb.

Die Freiwillige Feuerwehr Südende befand sich einst in der Gurlittstraße 5 (vormals Teichstraße). Die Feuerwache wurde bereits 1920 aufgelöst. Vermutlich wurden die Aufgaben an die neu errichtete Steglitzer Feuerwache übertragen. Das Bild zeigt das Rathaus Südende mit dem dahinter liegenden Feuerwehrdepot in den 1910er-Jahren.

Das Gebäude der Feuerwache Lankwitz in der Schulstraße 17–27 wurde nur von 1911 bis 1923 genutzt. Zunächst war hier die Freiwillige Feuerwehr und ab 1918 die Berufsfeuerwehr Lankwitz untergebracht. Letztere ist hier bei einer Vorführung mit einem Wagen, dessen mechanische Leiter voll ausgefahren wurde, zu sehen.

Die Feuerwache Tempelhof in der Dorfstraße 43 (heute Alt-Tempelhof 28) war ursprünglich auf einem Bauerngehöft untergebracht. In dem um 1800 an der Straße errichteten Wohnhaus (Foto) befanden sich ab der Gründung der Freiwilligen Feuerwehr Tempelhof am 9. Mai 1883 die Dienstäumlichkeiten. Im Jahre 1888 wurde auf dem Hof ein Spritzenhaus erbaut. 1910 fand die Umwandlung in eine Gemeindefeuerwehr statt, seit 1919 ist sie Berufsfeuerwehr.

Auf dem hinteren Teil des Geländes der alten Feuerwache Tempelhof an der Borussiastraße 10–17 entstand in den Jahren 1957 bis 1959 für 1,4 Millionen Deutsche Mark ein Neubau nach Plänen des Baudirektors Bruno Grimmek und unter Mitarbeit von Victor Seist und Siegfried Böhmer. Am 1. April 1958 übergab Senator Theuer die neue Feuerwache, die einen Tag später ihren Dienst aufnahm, an den Berliner Oberbranddirektor Dr. Kaufhold.

Am 10. März 1910 wurde die Freiwillige Feuerwehr Mariendorf gegründet. In der Rathausstraße 70/72 entstand 1912/13 eine Feuerwache nach Plänen von Amtsbaurat W. Gerbens. Der dreigeschossige Putzbau hat fünf Tore und einen 22 Meter hohen Steigeturm. Die Umwandlung in eine Berufsfeuerwehr erfolgte 1918. Die einstige Zugwache 25 ist heute ein Stützpunkt der Feuerwache Tempelhof.

Für die Freiwillige Feuerwehr Marienfelde entstand 1910 in der Kirchstraße 49 nach Plänen des Amtsbaurats W. Gerbens eine Wache, der 1937 ein 14,4 Meter hoher Steigeturm angebaut wurde. Sämtliche Gebäude der Zugwache 23 wurden im Zweiten Weltkrieg zerstört. Dieser Neubau mit drei Toren wurde 1950 errichtet und bis 1952 erweitert. Dazu kam 1953 ein Steigeturm. In der Wilhelm-von-Siemens-Straße 15 entstand 1986 ein Neubau für die Feuerwehr von Mariendorf und Marienfelde.

In Alt-Lichtenrade 97 errichtete Regierungsbaumeister Eckler für die 1906 gegründete Freiwillige Feuerwehr Lichtenrade 1910/11 einen zweigeschossigen Bau mit drei Toren. In der ersten Etage befand sich einst die Gemeindeschule. Auf dem rückwärtigen Grundstück stand der Steigeturm. Im dortigen Nebengebäude richtete Magistrats-Oberbaurat Kunze 1926/27 einen Kindergarten ein. 1986 zog die Wache in einen Neubau in der Straße Im Domstift 22 um.

Das Wachgebäude der Freiwilligen Feuerwehr Schöneweide (Niederschöneweide/Treptow) in der Grünauer Straße 9 entstand nach Entwürfen des Architekten K.A. Hermann im Jahre 1908. Der im Stil der Spätgotik mit Fachwerkteilen der deutschen Renaissance errichtete Bau, hier im Jahre 1911, hat drei Tore und einen fünfgeschossigen Steigeturm von rund 19,6 Metern. Ab 1922 wurde sie als Berufswache weitergeführt. Nach dem Umzug der Wache 1976 nach Treptow wurde hier ein Kulturzentrum aufgebaut.

Die neue Feuerwache Treptow (5300) wurde 1976 am Groß-Berliner Damm 18/Ecke Piertschkerstraße in Johannisthal auf einem ausgedehnten Areal in Betrieb genommen. Der Stahlbetonskelettbau hat eine Fassade aus Waschbeton und Putz. Die Wagenhalle hat zehn Tore. Die Aufnahme entstand 1995.

Die Freiwillige Feuerwehr Johannisthal wurde 1885 gegründet. In der Johannes-Werner-Straße 21, nahe Vereinsstraße, wurde 1919 die Feuerwache der Gemeinde Berlin-Johannisthal in Betrieb genommen. Stolz präsentieren sich die Feuerwehrmänner mit einer Motorspritze und Gerätschaften vor dem Depot. Die Aufnahme entstand am 15. April 1929. Der Standort wurde bei der Zusammenlegung mit der Berufsfeuerwehr nach 2005 geschlossen.

Ein Putzbau im Landhausstil mit Steigeturm und vier Toren wurde am 26. September 1908 als Wachgebäude für die am 2. Oktober 1890 gegründete Freiwillige Feuerwehr Adlershof in der Selchowstraße 3–4 unweit der Dörpfeldstraße eröffnet. In der heutigen Wache 5310 sind 18 aktive Feuerwehrleute tätig. Sie besitzt zwei Lösch- und Hilfeleistungsfahrzeuge sowie ein Löschgruppenfahrzeug.

Die Indienststellung des Wachgebäudes mit zwei Toren für die Freiwillige Feuerwehr Grünau an der Schlierseestraße 10 (einst Jägerstraße) erfolgte 1877. Weitere Anbauten in Landhausart wie ein überformter Steigeturm folgten. 1975 wurde das Gebäude rekonstruiert. Den 14 aktiven Kameraden stehen ein Lösch- und Hilfeleistungsfahrzeug, ein Tanklöschfahrzeug sowie ein Feuerwehranhänger mit Rettungstransportboot zur Verfügung. Die Aufnahme entstand 1992.

Am 8. Mai 1902 entstand die Freiwillige Feuerwehr Altglienicke. Zu den ersten Ausrüstungsgegenständen zählten eine Handdruckspritze und ein 200 Meter langer Hanfschlauch. Die Alarmierung erfolgte über Hupen. Die Gemeinde ließ 1908 auf dem Areal in der Semmelweisstraße 83–85 hinter dem Gerätehaus einen Steigeturm mit drei Etagen errichten. Dieses Foto entstand am 23. Oktober 1921.

Die Freiwillige Feuerwehr Bohnsdorf erhielt 1911 ihr erstes Spritzenhaus. Am Dorfplatz entstand 1921 ein Neubau, der durch einen Bombenangriff am 24. Dezember 1943 zerstört wurde. In der Dahmestraße 33 errichtete man 1954 eine Feuerwehrschule mit Diensträumen für die Feuerwehr. Sechs Jahre später zog die Wache an die Waltersdorfer Straße 107/Ecke Dahmestraße (hier im Bild) um. Foto von 1991.

Die Freiwillige Feuerwehr Weißensee wurde am 4. April 1884 gegründet und erst 1938 zur Berufsfeuerwehr erhoben. Ursprünglich befand sich die Wache in der Charlottenburger Straße 5. Der hölzerne Steigeturm stand auf dem Grundstück Langhansstraße 120 und brannte 1920 ab. Zum 50. Jahrestag 1934 wurde dieses Foto aufgenommen.

Der Löschzug der aufgelösten Feuerwache Fischerbrücke aus Berlin-Mitte bezog 1938 die neu errichtete Feuerwache Weißensee. Nach Plänen von Baurat Meyn wurde es in den Jahren 1936 bis 1938 mit sieben Toren errichtet. Das Foto entstand kurz nach Fertigstellung. Am 7. Dezember 1948 wurde die Notrufnummer des sowjetischen Sektors hierhin umgeschaltet.

Die im Jahr 1885 eröffnete Wache der Freiwilligen Feuerwehr Malchow befand sich in der Dorfstraße 39 und wurde vermutlich im Zweiten Weltkrieg zerstört. Heute befindet sich an diesem Ort ein eingeschossiger Neubau mit flachem Wellblechdach und einem Tor. Foto von 1998.

Für die am 16. Januar 1901 gegründete Freiwillige Feuerwehr Hohenschönhausen wurde in der Degnerstraße 7 ein dreigeschossiges Gebäude mit drei Toren errichtet, das am 7. und 8. September 1912 feierlich eröffnet wurde. Die Aufnahme um 1920 zeigt das Feuerwehrdepot der einstigen Zugwache 38 mit davor liegendem Schmuckplatz. Eine Neugründung erfolgte 1961. Im Jahre 1994 erhielt sie einen neuen Stützpunkt in der Ferdinand-Schultze-Straße 128.

Bis 1893 befand sich hinter der Schule in der Breiten Straße 37 in Pankow ein Spritzenhaus mit einem 1891 errichteten Steigeturm. Später zog die Feuerwache Pankow in ein einfaches, schmuckloses, dreigeschossiges Hinterhofgebäude mit roten Verblendziegeln und zwei Toren in der Grunowstraße 18, wo sie sich heute noch befindet. Das Foto aus den 1920er-Jahren zeigt einen Einsatzwagen der Pankower Zugwache 45 der Berliner Feuerwehr.

Anfang des 20. Jahrhunderts entstand das Dienstgebäude der Freiwilligen Feuerwehr Niederschönhausen im Stil des Neobarocks in der Blankenburger Straße 19. Der hochragende Putzbau mit Lisenengliederung verfügt über ein geschweiftes Giebelfeld, in dem sich Putten im Hochrelief befinden. Über der Wagenhalle gibt es einen über zwei Geschosse reichenden Saal. Foto um 1930.

Im letzten Viertel des 19. Jahrhunderts entstand für die Freiwillige Feuerwehr Heinersdorf in der Romain-Rolland-Straße 42 ein zweigeschossiger roter Ziegelsteinbau mit flachem Pultdach, in dessen Seitenflügel sich Wohnungen befanden. Nach Abriss der alten Gebäude wurde in den 1980er-Jahren dieser Neubau errichtet. Foto von 1992.

Seit 1909 ist die Freiwillige Feuerwehr von Französisch-Buchholz (heutige offizielle Bezeichnung) in der Gravensteiner Straße 8 in Betrieb. Untergebracht ist die Wache in einem zweigeschossigen roten Ziegelbau mit Satteldach, der in Anlehnung an die Backsteingotik erbaut wurde. Das Foto entstand um 1990.

Am Anger in der Dorfstraße 19 (heute Alt-Blankenburg 9) entstand Anfang des 20. Jahrhunderts für die freiwillige Feuerwehr ein zweigeschossiger Putzbau mit drei Toren. Hier waren auch Wohnungen untergebracht. Auch heute ist dort die Freiwillige Feuerwehr Berlin-Blankenburg mit einem eigenen Ausrückbereich beheimatet. Das Foto entstand in den 1930er-Jahren.

In einem einfachen Spritzenhaus vor der Dorfkirche befand sich ab 1890 die Freiwillige Feuerwehr Karow. Der eingeschossige rot-gelbe Ziegelbau verfügte über zwei Tore und ein Wachzimmer. Der Neubau der Feuerwache in Alt-Karow 10 ging 2001 in Betrieb. Sie trägt heute die Kennzeichnung Wache 2720. Die Aufnahme mit der Mannschaft und dem Löschfahrzeug vor dem Depot entstand in den 1920er-Jahren.

Ursprünglich befand sich die auf Initiative des Bucher Bürgermeisters August Mewes am 11. November 1910 gegründete Freiwillige Feuerwehr Buch in der Schwanebecker Chaussee. Wegen der Errichtung eines Heizkraftwerks auf dem Gelände wurde die Wache 1970 abgebrochen. Bis zur Fertigstellung der neuen Feuerwache Buch 1976 im Pölnitzweg 3 war sie zwischenzeitlich in einem eingeschossigen Ziegelbau (Foto) in Alt-Buch 68/70 untergebracht.

In der Hauptstraße 14 hat seit 1906 die Freiwillige Feuerwehr Blankenfelde ihr Domizil. Der heute noch vorhandene zweigeschossige Rauputzbau mit seinen zwei Toren wurde in der Zeit nach 1945 häufig umgebaut und ergänzt. Foto von 1991.

Als Verein wurde die Freiwillige Feuerwehr Rosenthal am 18. Januar 1901 gegründet. Ein Spritzenhaus entstand 1907 in der Hauptstraße am Dorfanger. Der eingeschossige Bau mit einem Tor und Wachzimmer wurde 1975 umfassend erneuert. Hier ist die Mannschaft um 1910 mit Fahrzeugen ohne Pferde vor dem Depot zu sehen. Die freiwillige Feuerwehr löste sich 1991 auf.

Wie in Rosenthal wurde am selben Tag auch der Verein der Freiwilligen Feuerwehr Wilhelmsruh gegründet. In der Edelweißstraße 35 wurde 1912 ein Wachraum mit Garagen sowie ein viergeschossiger Steigeturm erbaut, der 1969 wegen Baumängeln gesprengt werden musste. Im selben Jahr wurde die örtliche Feuerwehr mit der Werksfeuerwehr vom VEB Bergmann-Borsig fusioniert. Nach dem Zweiten Weltkrieg entstand ein Schuppen mit zwei Toren, 1992.

Die Feuerwache Reinickendorf-Ost in der Kopenhagener Straße 19–23 entstand 1902 nach Plänen des Magistratsoberbaurats Reppin und wurde mehrmals erweitert. Nach erheblichen Kriegsbeschädigungen setzte man das Gebäude wieder instand, jedoch wurde der Steigeturm 1951 abgebrochen. Die Feuerwache war bis 1956 in Betrieb. Später nutzte der Arbeiter-Samariter-Bund die Räume. Die Aufnahme entstand 1988.

An der Auguste-Viktoria-Allee 94 nahe Berenhorststraße befand sich die Wache der Freiwilligen Feuerwehr Reinickendorf-West. Vermutlich ab 1882 entstand ein Spritzenhaus, das um 1900 durch Stallgebäude ergänzt wurde. Diese Hofansicht mit Steigeturm stammt aus den 1920er-Jahren. Die Feuerwache war wie in Reinickendorf-Ost bis 1956 in Betrieb und wurde später abgebrochen.

Unweit des Rathauses Wittenau (heute Reinickendorf) wurde 1912 die Feuerwache Wittenau in der Holzhauser Straße 228/Ecke Robertstraße in den Dienst gestellt. Die Umwandlung der Freiwilligen Feuerwehr in eine Berufsfeuerwache erfolgte 1923. Der Standort der einstigen Zugwache 44 wurde 1956 aufgegeben, jedoch blieben die Gebäude (rechts im Bild) erhalten.

Die neue Feuerwache Wittenau in der Roedernallee 55 wurde am 11. November 1964 in den Dienst genommen. Sie entstand nach Plänen des Leitenden Baudirektors Gerhard Rainer Rümmler unter Mitarbeit der Herren Berger und Förster. Am 7. Februar 1972 kam es hier erstmals zur Gründung einer Freiwilligen Feuerwehr Wittenau auf einer Berufswache. Sie unterstützten im Notfall die Berufsfeuerwehr. Foto von 1988.

Auf dem heute fast 5.400 Quadratmeter großen Gelände an der Berliner Straße 16/Ecke Veit- und Schlieperstraße entstand für die Freiwillige Feuerwehr Tegel 1894/95 ein eingeschossiges Spritzenhaus mit fünf Toren. Das Foto von der Ausfahrt Schlieperstraße entstand um 1930. Ein umfassender Neubau für die Berufsfeuerwehr (Zugwache 51) wurde nach Plänen des Baudirektors Bruno Grimmek 1956 mit sechs Toren und sechsgeschossigem Übungsturm fertiggestellt.

Am Havelufer in der Friederikestraße 19/Ecke Almazeile befindet sich die um 1902 gegründete Freiwillige Feuerwehr Tegelort. 1904/05 wurde das Spritzenhaus mit zwei Toren und Steigeturm errichtet. Beim Umbau 1923/24 durch Magistratsoberbaurat Reppin wurde die Wache auf vier Tore erweitert und die Straßenfassade expressionistisch gestaltet. 1925 erhielt der Turm eine elektrisch betriebene Motorsirene. Hier ist auch ein Löschboot stationiert.

An der Dorfstraße 109 (heute Alt-Heiligensee 68) entstand 1909 ein Spritzenhaus nach Plänen des Gemeindebaumeisters Fischer für die am 8. November 1908 gegründete Freiwillige Feuerwehr Heiligensee. Der eingeschossige Ziegelbau hat zwei Tore. Daneben befand sich eine dreigeschossige Holzkonstruktion als Steigeturm. Das Foto entstand 1973.

Die Wache der Freiwilligen Feuerwehr Waidmannslust wurde 1913/14 am Oraniendamm/Ecke Dianastraße errichtet und 1956 aufgegeben. Die Aufnahme mit den stolzen Feuerwehrmännern auf ihren offenen Fahrzeugen (Pferdefuhrwerke) entstand 1912.

In den Jahren 1913/14 errichtete der Gemeindebaumeister Dietz für die Freiwillige Feuerwehr Hermsdorf (zeitweise Zugwache 52) in der Heinsestraße 22/24 (vormals Roonstraße) einen zweigeschossigen Putzbau mit vier Toren, dem sechsgeschossigen Steigeturm und einer Gemeindeturnhalle. Seit 1956 befindet sich hier die Berufsfeuerwache Hermsdorf.

Die Feuerwache Lübars wurde 1897 mit zweitorigem Spritzenhaus und Stallgebäude auf dem Anger neben der Dorfschule errichtet. Im Jahre 1905 ergänzte man die Anlage um einen Steigeturm (Foto), der 1928 ersetzt wurde. Als eines der letzten landwirtschaftsgenutzten Dörfer Berlins hat Lübars noch eine freiwillige Feuerwehr.

Fürst Henckel von Donnersmarck erwarb 1909 rund 3.000 Morgen Land für den Bau der Gartenstadt Frohnau. Als die Freiwillige Feuerwehr Frohnau gegründet wurde, bestand der Ort erst seit drei Wochen. In der Remstaler Straße 9 entstand 1910/11 vom Architektenteam Straumer & Herrmann ein eingeschossiges Wachgebäude als ausgemauerte Holzkonstruktion mit Reetdach. Die Wagenhalle hatte fünf Tore. Angebaut wurde ein hölzerner Steigeturm. Foto von 1991.

8

Betriebs-, Flughafen- und Regierungsfeuerwehren

Die nicht zur Berliner Feuerwehr gehörende Fabrikfeuerwehr der Firma Siemens wurde 1901 gegründet. In den Jahren 1915 bis 1919 war sie Garnisonsfeuerwehr. Danach ging sie an Siemens zurück. 1921 wurde sie zur Siemens-Berufsfeuerwehr und bestand bis Mitte der 1990er-Jahre. Seitdem werden die Aufgaben von der Stützpunktwache Haselhorst übernommen.

Anlässlich der 25. Wiederkehr des Gründungstages am 1. Juli 1926 entstand diese Aufnahme von der Feuerwehr der Siemenswerke am Rohrdamm 17–19/Ecke Quellweg. Die Gebäude der Feuerwache Siemensstadt errichtete Karl Janisch in den Jahren 1912/13. Die Wache war für die ausgedehnten Werksgelände in den Spandauer Ortsteilen Siemensstadt und Haselhorst zuständig.

Wegen der Schließung der Siemens-Werksfeuerwehr wurde die Wahrnehmung der Sicherheitsaufgaben an die Berliner Feuerwehr übertragen. Hierdurch war ein Zweckbau nach dem Vorbild New Yorks mit kurzen Anfahrwegen notwendig geworden. Am 17. Juni 1996 fand die feierliche Einweihung der Stützpunktwache Haselhorst in der Paulsternstraße 34 statt.

Obwohl die 1981 am Wedding gegründete Werksfeuerwehr der Firma Schering (seit 2006 Bayer-Schering) nicht zur Berliner Feuerwehr gehört, gibt es freundschaftliche Kontakte und gemeinsame praktische Übungen. In einem 2005 erstellten Szenario wurde anhand mehrerer gleichzeitig auftretender Störfälle auf dem Werksgelände an der Müllerstraße geübt. Das Bild entstand ca. Ende der 1970er Jahre.

August Borsig (1804–1854) gründete 1837 sein Unternehmen. Vier Jahre später baute er seine erste Lokomotive und avancierte zum größten Berliner Maschinenbauunternehmer. Als die Produktionsstätte in der Chausseestraße zu klein wurde, erwarb die Firma ein großes Areal in Tegel. Da hier jederzeit mit Vorkommnissen gerechnet werden musste, hatte die Borsig GmbH eine eigene Fabrikfeuerwehr. Bei Alarm wurde hier noch ins Martinshorn geblasen.

Am 4. Juli 1945 gründete die US Air Force die Flughafenfeuerwehr Tempelhof. Auf dem Gelände gibt es Teiche, um kurzfristig ausreichend Löschwasser zur Verfügung zu haben. Wegen der Schließung des Flughafens am 30. Oktober 2008 entfiel auch die Betreiberpflicht für eine Feuerwehr. Heute gibt es hier noch zwei Feuerwehrleute, die die Brandmeldeanlagen auf dem gesamten Areal überwachen.

Der Flughafen Tegel entstand während der Berlin-Blockade 1948/49 im französischen Sektor. Seitdem gibt es auch hier eine Berufswerksfeuerwehr, die heute zur Berlin-Brandenburg-Flughafen-Holding gehört. Auf dem zivilen südlichen Teil des Flughafens befindet sich die Hauptwache. Im Nordteil gibt es eine Stützpunktwache bei der Bundeswehr. Insgesamt sind 85 Feuerwehrleute rund um die Uhr im Einsatz und u. a. auch für die Flugzeugbergung zuständig. Foto um 1965.

Der Flughafen Gatow wurde 1935 für die Deutsche Luftwaffe angelegt. Nach dem Zweiten Weltkrieg übernahm die RAF (Royal Air Force) am 2. Juli 1945 das Gelände im Britischen Sektor Berlins. Sie sorgte dafür, dass es hier bereits Ende der 1940er-Jahre eine Werksfeuerwehr gab. Mit dem Abzug der Alliierten am 18. Juni 1994 folgte die Schließung des Flughafens zwölf Tage später. Gleichzeitig wurde die Flughafenfeuerwehr aufgelöst. Foto von 1994.

Durch den Umzug der Bundesregierung in die Hauptstadt Berlin wurde eine Feuer- und Polizeiwache für das Regierungsviertel notwendig. In der Nähe des Kanzleramtes entstand das zweigeschossige Gebäude der Architekten Sauerbruch und Hutton als Anbau an ein altes Gebäude des Frachthofes. Der 2003 fertiggestellte Stahlbetonskelettbau mit seiner bunten Fassade bietet viel Platz für Fahrzeuge, Technik und Personal der Regierungsfeuerwehr.

Die Heimat entdecken!

Von Kiel bis Wien,
von Aachen bis Görlitz:
Entdecken Sie Alltagsgeschichten
aus Ihrer Heimatstadt!

Leben in der Großstadt …

Tauchen Sie ein in das quirlige Großstadtleben vergangener Tage. Spazieren Sie über breite Boulevards und stürzen Sie sich ins Nachtleben. Erkunden Sie ihre Stadt durch die Fensterscheiben einer Straßenbahn oder des ersten Käfers und bewundern Sie prächtig geschmückte Schaufenster.

Erinnerungen an die Schulzeit …

Erinnern Sie sich noch an die Zeiten von Abakus und Schiefertafel, an Klassenausflüge oder den ersten Taschenrechner? Blicken Sie zurück auf große Klassen und gestrenge Schulmeister, entdecken Sie auf Klassenfotos Freunde und Bekannte von früher!

… und das Arbeitsleben

Entdecken Sie, wie sich das Arbeitsleben in den letzten hundert Jahren verändert hat. Werfen Sie einen Blick in Fabrikhallen, blicken Sie Handwerksmeistern bei ihrer Arbeit über die Schulter und erinnern Sie sich an den Einkauf im Tante-Emma-Laden.

Gesellige Stunden im Verein ...

Fußballclub und Schützenverein, Musikkapelle und Gesellenverein: Schauen Sie zurück auf Volksfeste und Turniere, Chorproben oder Prunksitzungen. Erinnern Sie sich an schöne Stunden und das gesellschaftliche Leben in Ihrer Heimat.

… und im Familienkreis
Werfen Sie einen Blick in die Wohnzimmer vergangener Tage und entdecken Sie, wie sich zwischen schweren Eichenmöbeln, Nierentischen und Ikea-Regalen der Alltag verändert hat. Erleben Sie Familienfeiern und Weihnachtsfeste im Wandel der Jahrzehnte mit.